W9-AED-427

Anne Hébert et le miracle de la parole

Collection « Lignes québécoises »

dirigée par Albert Le Grand et Laurent Mailhot
professeurs à l'Université de Montréal

SÉRIELLES

Léo-Paul Desrosiers ou le récit ambigu
par Michelle Gélinas

« Parti pris » littéraire
par Lise Gauvin, professeur à l'Université de Montréal

TEXTUELLES

Saint-Denys Garneau à travers Regards et jeux dans l'espace
par Robert Vigneault, professeur à l'Université McGill de Montréal

Germaine Guèvremont : une route, une maison
par Jean-Pierre Duquette, professeur à l'Université McGill de Montréal

Jacques Ferron au pays des amélanchiers
par Jean-Pierre Boucher, professeur à l'Université McGill de Montréal

Hubert Aquin, agent double
par Patricia Smart, professeur à l'Université Carleton d'Ottawa

Marie-Claire Blais : le noir et le tendre
par Vincent Nadeau, professeur à l'Université Laval de Québec

Anne Hébert et le miracle de la parole
par Jean-Louis Major, professeur à l'Université d'Ottawa

La collection LIGNES QUÉBÉCOISES entend constituer une blibliothèque d'études et de lectures critiques sur les œuvres marquantes de notre littérature. Cette collection comprend des volumes répartis en deux sections : l'une constituée d'essais de synthèse, qui étudie l'ensemble de la production d'un auteur ou d'une époque — ce sont les Lignes québécoises SÉRIELLES —, l'autre qui analyse dans des monographies une œuvre en particulier, roman, recueil — ce sont les Lignes québécoises TEXTUELLES.

Anne Hébert et le miracle de la parole

par Jean-Louis Major
Professeur de lettres françaises à
l'Université d'Ottawa

1976
Les Presses de l'Université de Montréal
C.P. 6128, Succursale « A », Montréal, Qué., Canada H3C 3J7

Cet ouvrage a été publié grâce à une subvention accordée par le
Conseil canadien de recherche sur les humanités et provenant
de fonds fournis par le Conseil des arts du Canada

ISBN 0 8405 0320 2

DÉPÔT LÉGAL, 1er TRIMESTRE 1976, BIBLIOTHÈQUE NATIONALE DU QUÉBEC

Ma lecture

La lecture d'un poème d'Anne Hébert me laisse chaque fois étonné : les mots semblent en même temps étroitement liés entre eux et désaccordés ; l'émotion ne s'avoue qu'à distance et pourtant s'annonce aver une certaine candeur ; les images appartiennent à un registre déjà connu mais elles s'imposent comme une forme personnelle ; d'étranges visions se forgent à même les choses et le langage les plus familiers ; les vers commandent un rythme plus qu'ils ne se laissent porter par le chant. Cette poésie ne flambe pas. Pourtant, une flamme l'habite qui l'éclaire de ses reflets, y découpant des zones de glace et de feu.

Je reviens à chacun des poèmes, depuis *Jour de juin* jusqu'à *Des dieux captifs,* cherchant à reconnaître la forme toujours inédite, le poème, unique peut-être, qui, à travers chacun d'eux, s'écrit. Ma lecture se développe, prolifère, s'étoffe, comme la pensée, mince ligne d'horizon, s'affermit de tout ce qu'elle attire à elle, de tout ce qui se rétablit à partir d'elle. Toutefois, à l'encontre de la pensée dite logique, la lecture du poème assimile plutôt qu'elle n'organise ; comme une sonorité absorbant ses harmoniques, elle s'enrichit de tout ce qu'elle éveille en moi, de tout ce qui se rassemble en elle et autour d'elle.

Ma démarche se veut lecture constamment retardée mais constamment reprise. Lecture, comme le suggère Roland Barthes, se déployant sans cesse, plutôt qu'interprétation : « le pas à pas, par sa lenteur et sa dispersion même, évite de pénétrer, de retourner le texte tuteur, de donner de lui une image intérieure : il n'est jamais que la décomposition (au sens cinématographique) du travail de lecture : un ralenti, si l'on veut, ni tout à fait image, ni tout à fait analyse [1]. » La lecture se fait circuit indéfiniment renouvelé : la perception immédiate se prolonge dans l'attention et l'étude, pour se fondre à nouveau dans la lecture.

Le poème est attente et quête du sens en chacune de ses expressions. À l'égard de ma lecture, il se pose comme exigence jamais totalement satisfaite. « Je vous demande, avec instance, disait Pierre Emmanuel, de nous écouter, mot à mot, et de savoir que chaque mot que nous écrivons sur la page, si nous sommes de vrais poètes, a été pesé, qu'il est le résultat de l'élimination de beaucoup d'autres, de la disparition de beaucoup d'autres qui n'étaient pas utiles, qui ne pouvaient pas réaliser cette synthèse que nous cherchons [2]. »

Et s'il était nécessaire de se convaincre de l'attention féconde qu'Anne Hébert accorde à chaque élément du vers et de la langue, il ne serait que de relire le dialogue qu'elle entretient avec Frank Scott au sujet de la traduction du *Tombeau des rois* [3]. Le choix, la position, la sonorité, le sens des mots y sont longuement pesés et discutés ; chaque vers apparaît comme une mise en œuvre à la fois complexe et fragile du langage ; le poème s'y révèle dans son travail et son agencement.

Quant à moi, je veux rétablir le poème comme le lieu premier de ma lecture, comme le champ fondamental de ma perception, en quoi se refait, mot à mot, le parcours de la poésie. En chaque poème, c'est le sens et l'essence de la poésie que ma lecture remet en question, comme chaque poème doit lui-même mettre en jeu aussi bien les ressources inouïes que les habitudes et les limites du langage.

chapitre premier Un poème

Je remonte le cours de l'œuvre poétique : *Mystère de la Parole* (1960)[4], *le Tombeau des Rois* (1953), *les Songes en équilibre* (1942). Je retrace la chronologie de certains poèmes, les uns exclus des recueils, d'autres repris à peu près sans modifications — pourquoi certains poèmes sont-ils retenus et d'autres délaissés ? — me rappelant que chaque recueil doit marquer, pour Anne Hébert, une étape nouvelle. J'en retiens l'impression que cette œuvre, malgré sa discrétion, peut avoir valeur exemplaire pour toute une génération en poésie, car elle manifeste une transition entre deux temps, entre deux formes de la parole, qui, chez d'autres poètes, demeure implicite ou hors de la poésie. Elle passe d'une exploration de l'intériorité et d'une parole fermée à une parole qui se profère et veut parler au nom de tous en se donnant les moyens d'assumer leur monde et le sien.

Et ma lecture s'attache à un poème, *Mystère de la parole,* mise en œuvre et en acte d'une transfiguration de la poésie, en quoi se refait ma lecture de l'œuvre.

Poème titre d'un ensemble de quinze poèmes publiés avec le *Tombeau des Rois* aux Éditions du Seuil en 1960, *Mystère de la parole* est aussi placé en tête du recueil, même si quelques autres poèmes parus ailleurs [5] lui sont antérieurs. Ce poème est précédé d'un texte en prose intitulé *Poésie, solitude rompue,* dont certains passages en constituent une excellente paraphrase. Lieu de rencontre, frontière de deux temps de l'œuvre que le jeu de l'édition réunit par-delà les années qui les séparent, *Mystère de la parole* inaugure et définit sa propre forme en opposition à celle du recueil précédent.

chapitre 2 — Un diptyque

« *Poèmes* forme un diptyque et une antithèse qui a, pour premier panneau, une réédition du *Tombeau des Rois* et, comme seconde tablette, les nouveaux poèmes de *Mystère de la Parole*[6]. » En fait, la différence est tellement radicale que rien dans *le Tombeau des Rois* ne préfigure ni ne prépare vraiment le ton et la forme du nouveau recueil, si ce n'est en creux et par l'épuisement — mais y-a-t-il jamais épuisement ? — d'un monde qui n'est peut-être qu'un songe.

Le Tombeau des Rois

Poésie d'une rupture intérieure, parole sans cesse rompue, *le Tombeau des Rois* explore parcelle par parcelle un espace qui se referme sur soi. Une voix, toujours, croit-on, sur le point de se briser, poursuit inexorablement l'inventaire de sensations tamisées, vidées de toute véritable épaisseur sensorielle, une voix enregistre l'apparition de soi à soi, interroge un temps coupé de l'avant et de l'après. Voix du poème, qui est celle de l'oiseau dans *l'Envers du monde* :

La voix de l'oiseau
Hors de son cœur et de ses ailes rangées ailleurs
Cherche éperdument la porte de la mémoire
Pour vivre encore un petit souffle de temps.

(*T.R.*, 53)

Une image

Je veux m'arrêter à cette image de l'oiseau, déchiré, séparé de son corps et de son vol, réduit à sa voix. De prime abord, je pourrais croire que le chant est simplement perçu à distance de l'oiseau lui-même, mais la fin du deuxième vers m'oblige à corriger cette lecture trop facile. Il s'agit bien ici d'une dissection méticuleuse : la voix et le corps sont coupés l'un de l'autre ; le cœur et les ailes sont séparés — le participe « rangées », qui connote la méticulosité, ne s'accorde qu'avec « ailes », et l'adverbe qui le modifie n'oppose à l'ici qu'un lieu vague, établissant de cette façon la distance aussi bien entre « cœur » et « ailes » qu'entre « voix » et « ailes » —. L'oiseau n'a plus de vie que par sa voix et son souffle. En insérant le « souffle » dans la locution « un peu de temps » ou « un petit bout de temps », Anne Hébert intériorise l'idée du sursis et lui donne une valeur physiologique, celle que l'on reconnaît plus ou moins dans des expressions comme « chercher son souffle » (dont le verbe se trouve au début du vers précédent), « être à bout de souffle » et « n'avoir plus qu'un souffle de vie ». On pourrait d'ailleurs considérer cette dernière expression comme la forme stéréotypée qui se trouve à l'arrière-plan de tout le vers mais dans laquelle le poème ranime habilement le sens du vécu.

En fait, si je m'attarde à cette représentation de l'oiseau, c'est que le poème lui-même m'y oblige en l'insérant dans son cours, alors que rien, semble-t-il, ne l'annonce ni ne la prolonge. Cette sixième strophe de *l'Envers du monde* en rompt la continuité, entièrement axée sur le déroulement de l'image des « filles bleues de l'été ». Pourtant, l'évocation de l'oiseau résume tout le mouvement du poème et en oriente la démarche vers l'étape décisive.

Dans un autre poème, *la Voix de l'oiseau* (dont le titre correspond très exactement à l'un des vers cités plus haut), Anne Hébert reprend la même situation que dans *l'Envers du monde* mais en lui donnant une formulation plus proche de la prose :

J'entends la voix de l'oiseau mort
Dans un bocage inconnu.

(*T.R.*, 25)

Seule l'épithète à la fin du premier vers empêche une représentation « réaliste ». Mais à mesure que le poème se déroule à partir de cette première image où le sujet et l'objet sont nettement identifiés, je reconnais le même oiseau, réduit à sa voix, séparé, ne faisant entendre sa plainte que par-delà la mort. Seule lui répond, ou plutôt lui correspond, la « voix intérieure » :

Pareillement blessée
Pareillement d'ailleurs

(*T.R.*, 26)

Voix de l'oiseau, voix intérieure qui ne s'élèvent que pour se heurter contre la mort et la nuit.

Dans *le Tombeau des Rois,* l'oiseau appelle une douloureuse constellation de termes et de valeurs. Tout au long du recueil il est associé à une blessure ou à la mort. De quelle secrète et douloureuse « réalité » cette image est-elle le symbole ? L'enfance abolie ? La conscience du poète, tournée vers l'enfance et s'en détournant tout à la fois ? La poésie elle-même, rêve et souvenir, séparée du monde et se refusant au monde intérieur ?

Dans *les Pêcheurs d'eau,* l'oiseau est captif, pris aux filets et, mortellement peut-être, quoique par le seul reflet, victime de l'eau :

Les pêcheurs d'eau
Ont pris l'oiseau
Dans leurs filets mouillés.

(*T.R.*, 19)

C'est un oiseau qui se caractérise par sa voix plutôt que par son vol, et il appartient au monde intérieur plutôt qu'au paysage de la nature :

Sable et marais mémoire fade
Que hante le cri rauque
D'oiseaux imaginaires châtiés par le vent.

(*T.R.*, 56)

D'ailleurs, ce n'est pas par hasard que l'on trouve si souvent le mot *cœur* dans son contexte immédiat : l'oiseau est une représentation privilégiée des valeurs les plus intimes. Dans *Rouler dans des ravins de fatigue,* qui met en scène deux personnages, le cœur-oiseau est celui du locuteur féminin :

Prise dans ses cheveux
Comme dans des bouquets de fièvre
Le cœur à découvert
Tout nu dans son cou
Agrafé comme un oiseau fou

(*T.R.*, 55)

La représentation la plus dramatique de l'oiseau est, sans contredit, celle du dernier poème du recueil. Elle y remplit une fonction analogue à celle de *l'Envers du monde,* c'est-à-dire, qu'elle cristallise la trame première du poème au moyen d'une projection qui l'assume en ses formes extrêmes. Cependant, comme *le Tombeau des Rois* constitue un véritable mouvement, le symbole intervient plus d'une fois. En fait, il marque chaque étape du poème.

L'image de l'oiseau s'impose avec force dès les premiers vers :

J'ai mon cœur au poing
Comme un faucon aveugle

(*T.R.*, 59)

On reconnaît encore ici les signes de la déchirure, de la mutilation, de la dislocation. En cette représentation paroxystique, l'oiseau n'a même plus de voix, il est réduit à la seule palpitation du sang :

Et cet oiseau que j'ai
Respire
Et se plaint étrangement.

(*T.R.*, 61)

Il n'est pas indifférent que la narratrice observe cette réaction au moment précis où elle atteint le tournant crucial de son aventure. Pourtant, à la dernière strophe, c'est ce même oiseau qui pressent la libération enfin annoncée :

D'où vient donc que cet oiseau frémit
Et tourne vers le matin
Ses prunelles crevées ?

(*T.R.*, 61)

Quel contraste avec l'image finale des *Songes en équilibre !* Dans la dernière strophe du poème intitulé *l'Oiseau du poète,* en une trop évidente identification entre les deux termes du titre, l'oiseau s'élève dans toute la splendeur de son vol :

Alors le ciel n'a pas été assez grand
Pour le premier vol
De cet oiseau triomphant,
Sorti de l'argile et du mystère
D'un poète en état de grâce.

(*S.E.*, 156)

Dans *les Songes en équilibre,* le poème lui-même résulte d'un état de grâce [7] ; dans *le Tombeau des Rois,* il a partie liée avec l'angoisse et la mort de l'âme : l'état de grâce s'est transformé en expérience du déchirement et de la séparation.

Il faudra attendre *Naissance du pain* pour retrouver une représentation positive de l'oiseau. Ce poème associe encore l'oiseau au cœur et le représente captif, mais, par un éclatant renversement des significations, la captivité elle-même devient favorable, puisqu'elle s'entoure d'une riche chaleur :

> *Sous la cendre qui se défait comme un lit, voici la miche et le chanteau rebondis, la profonde chaleur animale et le cœur impalpable, bien au centre, comme un oiseau captif.*
>
> (*M.P.*, 79)

On voit ici se multiplier les manifestations d'un nouvel ordre de valeurs. Après l'image initiale qui combine les deux stéréotypes, « lit de cendre » et « lit défait «, en une comparaison qui redonne à la cendre la chaleur bienfaisante du lit, Anne Hébert attribue la valeur du plus que plein (« rebondis ») aux espèces du pain, puis elle poursuit l'énumération lyrique avec « chaleur », nommée de façon explicite cette fois et caractérisée par la profondeur et l'animalité (liée, dans *Mystère de la Parole,* à la perception de l'univers sensoriel). Enfin, elle réunit la chaleur et le cœur. Ce dernier, particularisé et localisé par le démonstratif, est maintenant donné comme « impalpable » et posé « bien au centre », c'est-à-dire, échappant à l'état de décentration ainsi qu'à la manipulation, voire à la trituration que permet la passivité du *Tombeau des Rois* [8].

L'exploration du songe

Chaque poème du *Tombeau des Rois* crée l'impression que la voix qui le porte a épuisé ses ultimes ressources. Mais le poème suivant reprend avec le même étonnement douloureux. Depuis l'*Éveil au seuil d'une fontaine* jusqu'à la descente au domaine des morts royaux, il faut suivre cet éveil qui a les couleurs, les teintes et les formes d'un rêve.

La poésie ressortit d'abord à ce pouvoir de nouveauté qui accompagne l'éveil ; le monde est « fontaine intacte », affirme le premier poème du recueil :

Ô ! spacieux loisir
Fontaine intacte
Devant moi déroulée
A l'heure
Où quittant du sommeil
La pénétrante nuit
Dense forêt
Des songes inattendus
Je reprends mes yeux ouverts et lucides
Mes actes coutumiers et sans surprises
Premiers reflets en l'eau vierge du matin.

(*T.R.*, 13)

Cependant, au cœur même de cette claire révélation du monde et de soi, un vers, qu'isole discrètement la ponctuation et une rupture des rapports établis jusqu'alors entre la syntaxe et le système métrique, un vers déjà nous livre au vertige de l'inconnu :

La nuit a tout effacé mes anciennes traces.

(*T.R.*, 13)

Cela pourrait n'être qu'un renouvellement de la perception ; ce sera le prélude à un égarement de l'être. Comme le signale avec justesse Gilles Marcotte, Anne Hébert « renaît dans le sentiment que tout lui a été enlevé, interdit, et qu'il faut tout réapprendre à partir des éléments [9] ».

Si, dans la première strophe, l'eau est « vierge » et la fontaine « intacte », la deuxième strophe en révèle un caractère plus inquiétant :

Sur l'eau égale
S'étend
La surface plane

Pure à perte de vue
D'une eau inconnue.

(*T.R.*, 13)

Bien sûr, il s'agit surtout de la surface de l'eau. Mais le poème la décrit comme si elle n'était pas de même nature que l'eau elle-même, comme s'il y avait séparation mais aussi inquiétante proximité entre la surface « pure » et l'eau « inconnue ». L'espace (« fontaine intacte ») et le temps (« spacieux loisir »), comme « l'eau vierge du matin », se doublent d'un envers menaçant. L'éveil n'est que l'incertaine frontière entre les deux étendues des songes. Déjà, *Éveil au seuil d'une fontaine* laisse présager « la vocation marine » de l'œuvre (ainsi que la nomme Anne Hébert dans *les Grandes Fontaines*), c'est-à-dire, la fascination de l'au-delà des surfaces, l'attirance des profondeurs.

D'ailleurs, je crois percevoir une étroite correspondance entre le premier poème et le dernier. Je retrouve en chacun une même sortie de la nuit et du songe, un même mouvement de renaissance hésitante. C'est la même jeune fille qui sent « sourdre un geste », se créant en elle mais dont elle « ignore encore/l'enchantement profond » (*T.R.*, 14), et qui, « étonnée/à peine née » (*T.R.*, 59), descend au tombeau des rois comme en un prolongement de son éveil fasciné, alors que la fontaine où se mirent les premiers reflets du matin s'est métamorphosée en l'entrée du tombeau. On peut imaginer que c'est peut-être cette crypte qui creuse sa profondeur angoissante sous la surface de l'eau première. Mais *Éveil au seuil d'une fontaine* est peint en tons clairs et ne laisse que soupçonner un envers mystérieux ; *le Tombeau des rois* porte les marques d'une douloureuse traversée du rêve et de la mort. Entre ces deux poèmes, le rapport est analogue à celui qui rattache le poème liminaire de *Regards et jeux dans l'espace* à *Accompagnement* : la poésie passe de l'expectative heureuse mais lucide à un accomplissement à la fois destructeur et libérateur [10].

Dans le réseau de leurs images aussi bien qu'en leur déroulement et leur tonalité, les poèmes du *Tombeau des Rois* prennent très tôt le caractère d'une exploration à la fois onirique et réaliste. Les objets les plus familiers apparaissent dans un décor privé de ses attaches habituelles. Les choses ne sont plus que le signe d'elles-mêmes : « mirage de château », « un mur à peine », « la neige, une poignée à peine ». La conscience est projetée dans un monde étrange qu'elle interroge et reçoit avec une attention à la fois émerveillée et douloureuse. La poésie devient l'acte d'établir une identité perdue.

Dans sa tentative pour recréer une identité personnelle en dénombrant des rapports à l'intérieur d'un monde où l'on s'interroge en vain, le poème, avec sa frêle voix féminine, m'entraîne au plus profond du rêve, comme en ces premières strophes du *Tombeau des rois* :

> *Le taciturne oiseau pris à mes doigts*
> *Lampe gonflée de vin et de sang,*
> *Je descends*
> *Vers les tombeaux des rois*
> *Etonnée*
> *A peine née.*
>
> (*T.R.*, 59)

L'image du tombeau royal n'est que le dernier avatar, le plus saisissant et le plus évocateur, de ces lieux, profondeur de l'eau, « chambre fermée », « chambre de bois », qui constituent l'espace aboli d'un « envers du monde » et du « cœur souterrain », à la fois refuge et captivité. Chaque poème, ou presque, en établit une version nouvelle. C'est

> *... la plus étanche maison*
> *La plus creuse la plus profonde* »
>
> (*T.R.*, 45)

Et dans le même poème, c'est « ce caillou » que l'on doit habiter en lui ressemblant ; c'est ce

Petit espace
Et mesure exacte
Des gestes futurs.

(*T.R.*, 38)

C'est ce « lieu sourd », ce lieu « de plus en plus étroit », rétréci par « la paroi du silence » (*T.R.*, 44). C'est « l'envers de ce miroir limpide » (*T.R.*, 48);

C'est un château d'ancêtres
Sans table ni feu
Ni poussière ni tapis.

(*T.R.*, 54)

Comme des instantanés qu'on soumettrait brièvement à la lumière, comme des instants de la conscience coupés les uns des autres, les poèmes se succèdent dans l'exploration minutieuse d'un univers clos et séparé. La poésie n'a d'autres ressources que de constater et d'interroger.

Quel est soudain en toi cet hôte sans fièvre ?

demande *la Fille maigre* (*T.R.*, 33).

Qui donc m'a conduite ici ?
Il y a certainement quelqu'un
Qui a soufflé sur mes pas.
Quand est-ce que cela s'est fait ?

Ce sont les premiers vers de l'interrogation angoissée que répète *la Chambre fermée* :

Qui donc a dessiné la chambre ?

....

Qui donc a pris la juste mesure

De la croix tremblante de mes bras étendus ?

....

Mon cœur sur la table posé,
Qui donc a mis le couvert avec soin,
Affilé le petit couteau
Sans aucun tourment
Ni précipitation ?

(*T.R.*, 39-40)

« Il y a certainement quelqu'un » (*T.R.*, 51), dit encore un autre poème à connotation interrogative. « Qui donc nous a chassées de ce côté ? » demande l'une des filles de *l'Envers du monde* (*T.R.*, 52). Et dans *le Tombeau des rois* :

Quel fil d'Ariane me mène
Au long des dédales sourds ?

....

En quel songe
Cette enfant fut-elle liée par la cheville
Pareille à une esclave fascinée ?

(*T.R.*, 59)

Impuissante à trouver ou à créer les réponses à ses propres interrogations, la poésie ne peut que consacrer la prise de conscience par un acte de volonté, selon un mouvement que met en relief le court poème intitulé *Nuit* :

La nuit
Le silence de la nuit
M'entoure
Comme de grands courants sous-marins.

Je repose au fond de l'eau muette et glauque.
J'entends mon cœur
Qui s'illumine et s'éteint
Comme un phare.

Rythme sourd
Code secret
Je ne déchiffre aucun mystère.

À chaque éclat de lumière
Je ferme les yeux
Pour la continuité de la nuit
La perpétuité du silence
Où je sombre.

(*T.R.*, 24)

Le poème se développe selon un procédé d'intériorisation progressive. Ainsi, la première strophe décrit une situation qui pourrait avoir un caractère « réaliste » (silence et nuit) et la résume sous forme de comparaison. La strophe suivante reprend le contenu de la comparaison mais, cette fois, sous la forme d'une métaphore qui lui confère la valeur non plus d'un rapprochement logique ou affectif mais bien d'un mode d'être poétique. De la deuxième à la troisième strophe, la transition s'opère de la même façon à partir de l'image du « phare » (issue sans doute de la comparaison-métaphore « eau »). Dans la dernière strophe, les constatations se transforment en attitude volontaire. Les éléments du début (« nuit » et « silence » y sont repris mais en tant qu'objets d'une finalité (« pour ») et ils sont alors rattachés à des termes abstraits (« continuité » et « perpétuité ») qui en accentuent le caractère en quelque sorte métaphysique. Un peu comme si, par un acte d'intériorisation et de volonté, on passait de l'expérience immédiate de la nuit à sa forme universelle, absolue, la « contiNUITé ». La double exhortation du poème *les Grandes Fontaines* a été vaine. La fascination de l'eau a entraîné l'être en ses profondeurs, et il s'y abolit.

Seul le dernier poème, poème titre en même temps qu'actualisation du sens de tout le recueil, seul *le Tombeau des rois* se donne pour axe un mouvement et un changement véritables. La traversée du domaine de l'ombre et de la mort débouche à l'orée d'une aube lointaine et fragile :

Livide et repue de songe horrible
Les membres dénoués
Et les morts hors de moi, assassinés,
Quel reflet d'aube s'égare ici ?

D'où vient donc que cet oiseau frémit
Et tourne vers le matin
Ses prunelles crevées ?

(*T.R.*, 61)

Pour comprendre le sens des rites qui se sont déroulés en ce poème, il faut rapprocher du premier vers de la strophe finale un vers du début :

Lampe gonflée de vin et de sang

L'entrée au tombeau s'est effectuée, malgré tout, sous le signe d'une certaine vitalité, mais en ce périple souterrain, la vie a affronté la mort, elle l'a connue et s'est mesurée à elle. À la fin, celle qui a vécu cette aventure est atteinte en son être même : elle est « livide », et la seule plénitude qui demeure est celle du songe dont on a épuisé l'horreur. Tout dans cette fin de poème, aussi bien la dislocation de la phrase que le contenu de la représentation (« membres dénoués », « prunelles crevées »), tout manifeste à quel point fut douloureux le passage de l'ombre à la lumière, de la mort à la vie. Issue de la disjonction syntaxique (double anacoluthe de la première phrase) qui accentue l'écart entre l'état du sujet locuteur et le phénomène de lumière en provenance du monde extérieur, créant ainsi l'impression d'une inconséquence logique entre les deux ordres de faits ; issue du double hiatus affectant le troisième vers (« morts/hors », « moi/assassinés ») et d'une mort au second degré (« les morts... assassinés »), l'aube libératrice, aussi mystérieuse que le rêve et la nuit dont elle marque la limite et le terme enfin entrevus, signe du monde extérieur se manifestant enfin, l'aube libératrice n'apparaît, et de façon significative, qu'à travers la forme interrogative répétée. On est à l'extrême limite du songe et de « l'Envers du monde » ; un monde nouveau s'annonce, mais il demeure étranger, lointain : on ne possède pas encore les moyens de l'assumer.

De la conscience naïve et fascinée des *Songes en Équilibre, le Tombeau des Rois* a tiré la volonté d'aller à la limite de soi. Mais de l'exploration des « dédales sourds » naîtra, dans *Mystère de la Parole,* une récupération créatrice, une parole de résurrection. C'est donc dans les poèmes mêmes de ce recueil qu'il faut en chercher l'origine et le sens.

Mystère de la parole

Mystère de la parole s'impose d'emblée comme un chant, comme une parole pleine par quoi le monde fait irruption dans la profusion sensorielle, comme une parole de la naissance et de la fusion, deux actes qui, tout au cours du recueil, constituent une représentation privilégiée aussi bien qu'ils définissent la forme poétique elle-même.

À l'encontre du *Tombeau des Rois* qui enclôt l'univers dans la gravure d'un médaillon, *Mystère de la Parole* entend débonder le monde, non seulement pour le connaître mais pour le régir, pour lui imposer un arrangement nouveau. La forme de *Mystère de la Parole* rappelle les grandes odes de Claudel ou de Saint-John Perse, mais elle n'atteint pas à la somptuosité de ces vastes cosmogonies. Anne Hébert n'a ni le souffle ni la vision de ces poètes, elle se contente de préparer et de libérer un élan qui ne se propage pas vraiment, elle assure le pouvoir de la parole sans l'exercer dans toute son ampleur.

Le temps originel

Mystère de la parole et *Naissance du pain, Ève* et *Des dieux captifs,* les deux premiers et les deux derniers poèmes du recueil, fondent un véritable mythe de l'origine. Par le ton et l'altitude de l'écriture, par les images et le rythme, ces poèmes se déroulent comme les récits d'une Genèse que le poète reprend à son compte. En chacun d'eux l'on remonte au lieu et au temps premiers, d'où naissent en mouvements simultanés le monde, l'être et la parole.

Naissance du pain conjugue en un même travail de la nuit, du silence et du recueillement la fabrication du pain et la création poétique :

> *Comment faire parler le pain, ce vieux trésor tout contenu en sa stricte nécessité, pareil à un arbre d'hiver, bien attaché et dessiné, essentiel et nu, contre la transparence du jour ?*
>
> *Si je m'enferme avec ce nom éternel sur mon cœur, dans la chambre noire de mon recueillement, et que je presse l'antique vocable de livrer ses mouvantes images.*
>
> *J'entends battre contre la porte, lâches et soumises, mille bêtes aigres au pelage terne, aux yeux aveugles ; toute une meute servile qui mâchonne des mots comme des herbes depuis les aubes les plus vieilles.*
>
> *Qu'en ce cœur véhément du poète s'étende donc le clair espace balayé, le long champ de solitude et de dénuement, tandis qu'à l'horizon délivré poindra parmi les âges décelés, comme de plates pierres bleues sous la mer, le goût du pain, du sel et de l'eau, à même la faim millénaire.*
>
> (*M.P.*, 76)

Pour mesurer à quel point la perspective s'est modifiée (et à quel point la perspective peut à son tour changer la valeur des signes linguistiques eux-mêmes), il faut comparer l'interrogation du premier verset à celles du recueil précédent. Les interrogations du *Tombeau des Rois* n'appellent pas de réponses, elles n'enregistrent qu'un étonnement douloureux mais impuissant. Par contre, la question ici ne porte pas sur une identité mystérieuse et inaccessible mais sur un « comment » immédiat, et dans le temps même qu'elle se formule, elle inaugure sa propre réponse.

Il suffit, par exemple, de rapprocher ce poème de celui de Francis Ponge intitulé *le Pain* pour se rendre compte à quel point Anne Hébert a dynamisé la représentation du pain :

> *La surface du pain est merveilleuse d'abord à cause de cette impression quasi panoramique qu'elle donne : comme si l'on avait à sa disposition sous la main les Alpes, le Taurus ou la Cordillère des Andes.*
>
> *Ainsi donc une masse amorphe en train d'éructer fut glissée pour nous dans le four stellaire, où durcissant elle s'est façonnée en vallées, crêtes, ondulations, crevasses... Et tous ces plans dès lors si nettement articulés, ces dalles minces où la lumière avec application couche ses feux, — sans un regard pour la mollesse ignoble sous-jacente* [11].

Là où Francis Ponge a figé le pain en sa matière pour en établir une cosmologie interne, se contentant d'une simple allusion à la cuisson, Anne Hébert en a accentué le plus possible le devenir pour l'enrichir de valeurs subjectives. Partant d'un thème imposé (il s'agit d'une œuvre de circonstance), le poème épouse le mouvement d'une structure narrative fixe, celle de la fabrication du pain : semence du blé, floraison et récolte, moudre le grain, pétrir la pâte et la faire cuire. Mais à cet acheminement dont les étapes sont connues à l'avance, Anne Hébert superpose une forme répétitive qui en assure le développement au niveau poétique. De plus, à ce mouvement cyclique constitué par un énoncé opératoire, suivi d'une représentation de la gestation et de la naissance, se rattachent les valeurs de la nuit et jour. En fait, tout le poème, le premier en date de *Mystère de la Parole,* est moins une description ou un récit de la préparation du pain qu'une réflexion sur la poésie et une représentation métaphorique de sa mise en œuvre. *Naissance du pain* manifeste tout le parcours de la poésie assumant un mot pour l'inscrire dans un ordre originel, celui du poème, pour renouer aussi, à travers le mot et le poème, avec un ordre élémentaire du monde.

Deux poèmes dans l'œuvre d'Anne Hébert sont intitulés *Ève*. L'Ève, des *Songes en équilibre* se développe d'abord en une longue description impressionniste du monde à son origine :

> *Commencement du monde,*
> *Chaos,*

Reflet de choses informes
Dans l'eau,
Boue, limon,
Racines monstrueuses.

(*S.E.*, 75)

À ce chaos informe, à cette confusion grouillante s'oppose et s'impose la présence de la femme première, évoquée par la seule voix :

Seule une voix
Est déjà voix,
Et s'élève toute formée
Avec seulement trois notes,
Complètes et pleines.

(*S.E.*, 76)

La dernière strophe met en contraste le chaos originel et le monde actuel :

Ce soir,
Le monde est vieux
Et je m'ennuie.
Tout est rangé
Et rectiligne
Dans la ville.

(*S.E.*, 77)

Toutefois, l'auteur reconnaît en elle-même la voix et les trois notes de l'Ève primitive, rétablissant ainsi, par-delà le temps et la transformation du monde, la persistance d'une communion, par la voix du cœur, entre la femme première et la « Petite Ève intacte ».

L'Ève de *Mystère de la Parole* veut aussi rétablir une forme de communion avec la femme première, mais plus radicale encore que dans *les Songes en équilibre.* Entièrement de forme invocative, le poème est un retour et un recours à la femme originelle :

> *Nous t'invoquons, ventre premier, fin visage d'aube passant entre les côtes de l'homme la dure barrière du jour*
>
> (*M.P.*, 100)

Mais la forme invocatrice du poème a ici une double fonction, une double orientation, que marque la reprise de l'image du visage (représentation métonymique de l'être tout entier) associée à la lumière du matin. L'action s'exerce d'abord sur l'invocatrice :

> *Souviens-toi du cœur initial sous le sacre du matin, et renouvelle notre visage comme un destin pacifié*
>
> (*M.P.*, 101)

Puis, en finale du poème, grâce à la paix retrouvée, grâce à la malédiction originelle enfin effacée dans le présent, l'action peut retourner vers l'invoquée, selon une forme parallèle à celle qui marque les vers cités plus haut :

> *Ève, Ève, nous t'appelons du fond de cette paix soudaine comme si nous nous tenions sans peine sur l'appui de notre cœur justifié*
> *Que ta mémoire se brise au soleil, et, au risque de réveiller le crime endormi, retrouve l'ombre de la grâce sur ta face comme un rayon noir.*
>
> (*M.P.*, 102)

Le sens de l'invocation et de la communion est ainsi renversé : alors que l'ensemble du poème amène l'action de la femme première sur la femme actuelle, la fin appelle la rédemption, la renaissance de l'Ève primitive par l'intermédiaire de la femme actuelle [12].

Des dieux captifs, le dernier poème du recueil, trace la voie qui permettra « d'appréhender la source du monde en son visage brouillé » :

> *Des dieux captifs ayant mis en doute le bien-fondé de nos visions*
> *Nous prédisant la fin du monde depuis l'apogée des mûres saisons*
> *Nous décidâmes par des chemins de haut mystère de les mener au bord de l'horizon*
>
> (*M.P.*, 103)

Le mouvement est ici exactement à l'inverse de celui qu'exprime un vers clé du *Tombeau des rois* :

> *L'immobile désir des gisants me tire.*
>
> (*T.R.*, 60)

À vrai dire, tout le poème *Des dieux captifs,* redécouverte volontaire des sources de la vie, refait dans la lumière du ciel et de la mer le parcours du *Tombeau des rois,* descente fascinée aux sources de la mort. Si un lointain « reflet d'aube » marquait le terme de la douloureuse exploration du domaine de la mort, c'est vers une totale réconciliation entre le sujet et le monde par l'intermédiaire de la poésie que s'achemine *Des dieux captifs* :

> *La vie est remise en marche, l'eau se rompt comme du pain, roulent les flots, s'enluminent les morts et les augures, la marée se fend à l'horizon, se brise la distance entre nos sœurs et l'aurore debout sur son glaive.*
>
> *Incarnation, nos dieux tremblent avec nous ! La terre se fonde à nouveau, voici l'image habitable comme une ville et l'honneur du poète lui faisant face, sans aucune magie : dure passion.*
>
> (*M.P.*, 105)

Ce sera d'ailleurs un mouvement caractéristique de la poésie de *Mystère de la Parole* que la reprise des valeurs fermées du *Tombeau des Rois* pour les ouvrir à la vie, à la lumière et à l'espace. Anne Hébert a récupéré des images et des thèmes, on dirait même certains poèmes entiers du recueil précédent, pour en faire, dans *Mystère de la Parole,* le temps négatif d'une structure qui les transforme en leur exact opposé. Tel est, me semble-t-il, le rapport entre *De plus en plus étroit* (*T.R.*, 44) et *Survienne la rose des vents* (*M.P.*, 86); *les Petites Villes* (*T.R.*, 27) et *la Ville tuée* (*M.P.*, 94); *la Chambre de bois* (*T.R.*, 42) et *la Sagesse m'a rompu les bras* (*M.P.*, 92). Il faut noter cependant, que dans les poèmes de *Mystère de la Parole,* le premier temps contient le germe de sa transformation, alors que son équivalent dans *le Tombeau des Rois* est figé dans une expression qui élimine soigneusement toute possibilité de transformation.

Dans le premier volet de *Survienne la rose des vents,* les facultés de l'amour sont, malgré tout, présentes : elles ne sont qu'entravées, empêchées, affectées d'égarement. Dans *De plus en plus étroit,* elles n'apparaissent pas du tout : l'amour n'est même pas nommé. Dans la définition métaphorique que donne d'elle-même la locutrice de *Je suis la terre et l'eau,* les éléments « terre » et « eau », que développe toute une série de valeurs opposées mais conjuguées, appellent des rapports divers et, partant, une transformation de l'être. Par contre, la définition de *la Fille maigre* est simple et réductrice à l'extrême. Que peut-il advenir d'autre, lorsqu'on est réduit à ses os ? Dans *la Ville tuée,* la forme narrative du passé sous-entend qu'un événement transformateur est au moins possible. Mais dans *les Petites Villes,* le ton même du poème suggère que le sort de ces petites villes est irrévocablement fixé. Dans *la Chambre de bois,* la complicité entre le lieu et celle qui l'habite est trop intime (malgré la désillusion et l'angoisse finales) pour qu'une rupture s'opère vraiment, alors que dans *la Sagesse m'a rompu les bras,* la différence entre la vieillesse et la jeunesse, entre l'onction et la dureté provoque aussitôt une réaction violente :

Et moi j'ai crié sous l'insulte fade

(*M.P.*, 92)

Ailleurs, c'est un mouvement qui, à peine amorcé ou marqué par l'échec dès son apparition dans *le Tombeau des Rois,* trouve à s'accomplir dans la plénitude à travers une autre forme de représentation dans *Mystère de la Parole.* Telle est la comparaison qu'on pourrait établir, par exemple, entre *Nos mains au jardin* (*T.R.,* 49-50), ensemencement stérile, fausse naissance, et *Naissance du pain* (*M.P.,* 76-79) qui, partant de la comparaison entre l'arbre et le pain, et d'une interrogation sur le moyen de redonner parole et vie à ce « vieux trésor », accomplit un long périple transformateur de l'image initiale jusqu'à ces « créatures lourdes, marquées de fête et d'ivresse que l'aube surprend, tout debout en travers du monde (*M.P.,* 79) ». Dans *Nos mains au jardin,* qui raconte une tentative analogue mais avortée dès le point de départ, les arbres desséchés que sont les mains, sont frappés de stérilité dès la première représentation et n'appellent aucun élément nouveau ; l'idée même de la plantation est dépréciée par un démonstratif dès qu'elle est énoncée :

Nous avons eu cette idée
De planter nos mains au jardin

Branches des dix doigts
Petits arbres d'ossements
Chère plate-bande.

(*T.R.*, 49)

Par contre, si l'on compare des poèmes tels que *Des dieux captifs* et *le Tombeau des rois,* on voit qu'il s'agit de mouvements analogues mais allant en sens inverse et s'accomplissant dans des conditions radicalement différentes.

En tous ces cas que je viens d'énumérer et en quelques autres encore, on pourrait parler d'une *intertextualité* jouant à l'intérieur même de l'œuvre et travaillant à transformer les représentations d'un texte par leur inscription dynamique dans un autre texte. Anne Hébert ne se contente pas de renier une œuvre antérieure, comme elle l'a fait d'une certaine façon à l'égard des *Songes en équilibre ;* elle récupère les représentations de l'œuvre précédente grâce à une authentique conversion poétique.

Du vers au verset

Mystère de la Parole met en œuvre le mouvement originel d'une transfiguration de l'univers personnel et poétique, le passage décisif de l'enfoncement dans un espace fermé à un éclatement du monde sensoriel, du temps et de la parole. Dans le déploiement du rythme (par opposition à sa rupture dans *le Tombeau des Rois*), dans la profusion du sensoriel (par opposition à son filtrage), *Mystère de la Parole* se donne un espace originaire et, en fait, établit sa propre origine. Alors que, dans le *Tombeau des Rois,* le vers avait pour fonction d'isoler des impressions élémentaires, d'encadrer et d'équilibrer des ruptures successives, le verset de *Mystère de la Parole* multiplie les impressions et les éléments de représentation tout en les regroupant de façon qu'ils agissent les uns sur les autres.

Pour mesurer de façon plus concrète la différence entre ces deux temps de la poésie, il suffit de rapprocher deux phrases ayant censément la même signification ou plutôt, puisque la signification varie radicalement selon la forme, deux phrases se référant à une même action, en l'occurrence, marcher ou avancer. La première de ces phrases coïncide avec une strophe du *Tombeau des rois* :

> *L'auteur du songe*
> *Presse le fil*
> *Et viennent les pas nus*
> *Un à un*
> *Comme les premières gouttes de pluie*
> *Au fond du puits.*
>
> (*T.R.*, 59-60)

La seconde est un verset de *Mystère de la parole* :

> *Toute la terre vivace, la forêt à notre droite, la ville à notre gauche, en plein centre du verbe, nous avançons à la pointe du monde.*
>
> (*M.P.*, 75)

Les vers du *Tombeau des rois* disposent les unités de sens sur un axe vertical, les isolant les unes des autres, créant entre elles une temporalité figée, un temps d'arrêt et d'attente [13]. Le verset de *Mystère de la parole* installe tout l'ordre cosmique en une vaste convergence.

Les éléments de la phrase du *Tombeau des rois* sont affectés de signes restrictifs et dénotent une perception précise mais limitée; ceux de *Mystère de la parole* désignent des visions englobantes qui n'ont d'autres limitations que leur position relative et des qualificatifs comme « vivace » et « profonde » qui, de fait, en élargissent la présence. En outre, le rapport entre ces éléments est radicalement modifié d'une phrase à l'autre.

Dans le verset de *Mystère de la parole,* les éléments sont d'abord situés en fonction du sujet locuteur. En effet, on peut considérer « gauche » et « droite » comme ce que les linguistes nomment des *embrayeurs,* c'est-à-dire, des termes qui renvoient à l'émission du message (dans le cas actuel, la position du locuteur au moment où il parle) et n'ont de sens que par elle. La strophe du *Tombeau des rois* pose deux actions douées chacune d'un sujet différent et données en consécution mais liées par une coordination qui n'établit qu'un vague rapport de conséquence. D'ailleurs, le verbe du deuxième vers est ambigu, comme le montre bien la traduction. Frank Scott avait d'abord rendu « Presse le fil » par « Tightens the cord », mais Anne Hébert jugeait cette expression inexacte. « Tightens, disait-elle, désigne l'effet du geste, trandis que *presse* indique un geste très discret, presque hypocrite, la cause demeurant secrète. » À quoi Frank Scott répondait en corrigeant par « Presses on the cord » : « I meet this comment, disait-il, by using *presses,* which is somewhat vague but also discreet and gentle [14] ». En fait, la nouvelle traduction me semble encore insatisfaisante. On ne saurait donner ici un sens propre au verbe *presser* : on presse un bouton, on ne presse pas un fil. Par contre, on ne peut pas revenir à l'expression habituelle, tirer le fil, car on perdrait le jeu des connotations qui s'attachent au verbe *presser,* en particulier la valeur de contrainte qui fait partie de ses significations. En vérité, c'est moins le fil que le locuteur lui-même qui subit l'action.

L'examen plus attentif de cette strophe du *Tombeau des rois* m'amène à revenir sur le début du poème et en particulier sur l'image d'ouverture, que l'on interprète parfois comme l'annonce d'une entreprise volontaire, comme le signe d'une décision de s'engager dans une lutte à finir. Or, me semble-t-il, on associe trop facilement l'image du poing à une forme de violence. Le « cœur au poing » n'a rien d'une arme brandie, il est porté à la façon d'une lampe. D'ailleurs, le poème le précise bien : le poing n'est que le support de l'oiseau. Et toute la démarche qui s'ensuit demeure incertaine, hésitante et presque involontaire.

Dans la strophe du *Tombeau des rois,* les pas semblent issus d'une mécanique que commande un être mystérieux et lointain : l'acte de marcher est découpé en une série dont je ne perçois que des éléments détachés. Le sujet est effacé, annulé dans le découpage de l'acte qu'il pose ou, plus précisément, qu'on pose à travers lui. Dans le verset de *Mystère de la parole,* le sujet pluriel s'affirme comme autonome par l'intermédiaire de son mouvement et de sa parole, posés d'un coup et dans leur totalité. En même temps, il s'impose d'emblée comme l'ordonnateur d'une universelle mise en rapport dont il est à la fois le centre et l'extrême pointe.

On pourrait disposer autrement l'une de ces phrases pour qu'elle coïncide en apparence avec l'autre. Mais la lecture alors ne serait plus la même. En fait, elle serait profondément modifiée, parce que l'on porterait atteinte à deux fonctions complémentaires du poème. D'abord, on fausserait la concordance entre le « contenu » de la phrase elle-même et sa structure à la fois syntaxique et métrique, concordance qui fait que l'ordre des vers semble répondre à une exigence du signifié en même temps que la syntaxe paraît coulée dans la forme métrique. Du même coup, on modifierait aussi l'impression [15] d'ensemble et le sens global du poème, l'un n'allant pas sans l'autre, car le rapport entre le contenu des représentations, la syntaxe et la disposition métrique est, pour une bonne part, ce qui donne en propre à chaque poème sa « couleur », sa tonalité, sa figure.

La forme du *Tombeau des rois* dévide un rêve peint « à petits traits précis », comme ce masque, ce maquillage dont il est question dans le même poème, ou encore comme ces

[...] *tragédies patiemment travaillées,*
Sur la poitrine des rois, couchées,

(*T.R.*, 60)

La forme de *Mystère de la parole* appelle une vaste résurgence sensorielle où s'accomplit, dans l'avènement de la parole, ce qu'Anne Hébert décrit ailleurs comme « les noces de l'homme avec la terre » et que le poème qualifie de « noces excessives ».

chapitre 3 — Une lecture du poème

En faisant du mètre de *Mystère de la parole* un milieu où fusionnent plusieurs unités de sens et de perception, en supprimant presque toute ponctuation de fin de phrase, en fondant la strophe et le vers dans la seule aire du verset, Anne Hébert établit un mouvement continu de la parole, un chant plein, un temps sans faille. Et le poème se déploie par vagues à la fois se succédant et s'engendrant les unes les autres, comme en un seul et multiple déferlement.

Pourtant, on peut se demander s'il n'y a pas, sous-jacents à ce flux de l'écriture, certains axes de continuité et de discontinuité. Rares sont les poèmes, surtout s'ils atteignent une telle étendue, qui s'accomplissent sans le support de regroupements internes. D'ailleurs, même s'il n'est pas soumis aux divisions canoniques, le poème présente des indices assez nets de mouvements identifiables et susceptibles de rapports entre eux. Par-delà sa consistance rythmique mais en accord avec elle, le poème établit sa propre temporalité.

Dans *Mystère de la parole,* le temps des verbes fournit le premier indice d'une répartition des ensembles. On peut même considérer que le jeu des temps verbaux constitue l'équivalent d'une forme narrative élémentaire [16], selon laquelle le poème se divise d'abord en deux mouvements : l'un au passé (du premier au onzième versets), l'autre au présent (du douzième au seizième versets). À l'intérieur de chacun de ces mouvements apparaissent des séquences particulières [17]. On a ainsi une première séquence (des versets 1 à 4) où domine l'imparfait. Au cinquième verset commence une séquence axée sur le passé simple, qui se prolonge jusqu'au onzième verset. Après quoi le poème se continue au présent, mais en prenant le mode optatif au dernier vers. On peut donc tracer un mouvement en trois temps : l'imparfait, le temps d'un état antérieur ; le passé simple, le temps par excellence de la narration, qui occupe à peu près le centre du poème et s'étend au plus grand nombre de vers ; le présent, qui s'ouvre en finale sur le souhait ou l'ordre moral.

Cependant, à la forme narrative établie, selon les temps verbaux, se superposent d'autres regroupements. Ainsi, le sens et le rythme rattachent les quatorzième et quinzième versets au seizième. D'autre part, un certain nombre de signes établissent les versets neuf à onze comme un groupe particulier. En effet, en examinant de façon globale l'écriture du poème, on a constaté l'absence générale de ponctuation en fin de phrase. Or les exceptions à ce procédé se situent toutes dans l'intervalle des versets neuf à onze. En outre, les changements qui affectent les éléments de représentation à compter du neuvième verset et qui sont perceptibles dès la première lecture permettent de prétendre que ces trois versets constituent une séquence importante.

Ces ruptures partielles du mouvement d'ensemble peuvent donc servir de points de repère dans la lecture du poème.

« La passion du monde »

Dès le premier mouvement de *Mystère de la parole,* l'Événement paraît accompli : la révélation a déjà eu lieu, la rupture avec l'ordre ancien est consacrée. Comme *Des dieux captifs,* le poème est affecté d'un certain recul temporel ; sa tâche est de recréer ce qui fut d'abord donné.

La rupture

En chacune des parties de sa forme ternaire le premier verset amorce les développements divers du poème, comme si le poème s'engendrait lui-même à partir de son premier énoncé, de sa vision initiale. En effet, ce premier verset donne d'emblée l'événement capital du poème et le résume :

> *Dans un pays tranquille nous avons reçu la passion du monde, épée nue sur nos deux mains posée.*

Par rapport à cet énoncé, tout le reste apparaît comme une explication, tantôt narrative, tantôt lyrique, selon un ordre de consécution : avant, pendant, après.

Le premier segment du verset m'installe d'emblée dans le ton narratif : j'y reconnais l'une des formules rituelles d'ouverture du conte, que je pourrais tout aussi bien retrouver en tête d'un texte tel que *le Torrent.* La valeur de représentation de « Dans un pays tranquille » s'impose comme un arrière-plan du poème et renvoie à tout ce qui l'a précédé ; elle sera reprise au début du verset suivant, puis développée dans la séquence à l'imparfait qui suspendra la progression du poème par un retour à un état antérieur, à la façon du *retour en arrière* dans un récit.

L'expression « pays tranquille », placée en tête du poème, semblerait se rattacher d'emblée à cette thématique qui prédominait encore en 1960 et que l'on a appelée « poésie du pays ». Pourtant, je crois qu'il faut plutôt maintenir en ce cas-ci une pluralité de sens ; « pays » me semble désigner aussi bien l'être intime qu'un lieu géographique. Il faut souligner d'ailleurs que le terme n'apparaît dans la poésie d'Anne Hébert qu'à compter du recueil de 1960.

Dans la prose de *Poésie, solitude rompue,* la phrase « Notre pays est à l'âge des premiers jours du monde » renvoie à un lieu précis. Dans le premier vers de *Et le jour fut* :

Pain entier, vin, fruits, amour, pays, saisis aux douanes étrangères[18]

le sens en est plus complexe et plus riche comme dernier élément de l'énumération, même si l'image des « douanes » oriente les valeurs vers la représentation géographique. Dans *la Ville tuée,* cependant, le même mot désigne simplement un espace quelconque :

Cela fit un beau pays sec pour s'étendre et faire le guet
(*M.P.*, 95)

Il est par ailleurs remarquable que l'équivalence s'établisse ici entre « la Ville tuée » et ce « Beau Pays sec ». En fait, tout au cours du *Tombeau des Rois* aussi bien que de *Mystère de la Parole,* lorsqu'elle veut désigner un lieu géographique où habite une collectivité, Anne Hébert emploie plus volontiers le mot « ville ». Toutefois, il faut noter que ces villes sont toujours à l'image du cœur : elles en sont une projection spatiale.

En ce premier verset de *Mystère de la parole,* l'expression « pays tranquille », à cause de sa position mais aussi à cause de mes habitudes de lecture, semble donc avoir valeur de représentation géographique et historique pour situer l'événement dont la désignation constitue le noyau du vers. Pourtant, à mesure que progresse ma lecture du poème, la valeur de « pays » devient de plus en plus intérieure. D'abord à cause de l'équivalence entre « cœur » et « pays » que suggère la position initiale de ces mots dans le parallélisme des deux premiers vers ; puis à cause du caractère moral de la description qui prolonge cette expression aux versets 3 et 4.

Dans la partie centrale du premier verset, le locuteur s'affirme sous la forme du pronom pluriel. À cette partie correspondront plus particulièrement les versets 5 à 8 et la séquence médiane. D'ailleurs, les termes mêmes de cette partie du vers jalonneront tout le poème : on notera en particulier le retour du verbe *recevoir,* avec des variantes de l'expression « passion du monde », à chacun des points d'articulation.

Ce deuxième segment se rattache au premier comme une double antithèse pour compléter une disposition en chiasme selon laquelle « monde » s'oppose à « pays » et « passion » à « tranquille ». Déjà ma lecture a cessé de s'accomplir au niveau de la simple narration, elle n'est plus entièrement soumise au mouvement linéaire : les mots entretiennent entre eux des rapports plus complexes qui appellent une forme de retour.

La troisième partie du verset est, elle aussi, construite sur une antithèse. En fait, on est ici en présence d'une antithèse stéréotypée, celle qui oppose les mains, et plus précisément les mains nues, à l'épée. Mais toute une série de transformations revivifient le cliché. D'abord à partir de la répartition et de la disposition des éléments : l'adjectif et le participe se rapportent tous deux à « épée », mais grâce à l'inversion, « posée » se trouve reporté en fin de vers après « mains » afin de rétablir l'équilibre et, du même coup, opérer un déplacement de sens. Bien entendu, l'expression « épée nue » conserve un sens premier, celui que lui donne son opposition paradigmatique à « épée dans le fourreau ». Et l'apposition de « épée nue » à « passion du monde » m'amène à percevoir l'expression abstraite à travers la forme d'une arme. Toutefois, à cause du jeu d'inversion et du stéréotype déjà ancré en moi, ma lecture se fait double : je ne puis lire cette partie du verset sans que s'y surimpose une autre lecture, celle de « l'épée posée sur nos mains nues ». De plus, l'antithèse qui structure cette métaphore me renvoie au rapport que j'ai déjà perçu entre le premier et le deuxième segments du verset.

Le verbe lui-même, que le jeu des rapports entre les groupes substantifs tend peut-être à éclipser dans la lecture des deux premiers segments, le verbe s'enrichit maintenant de résonances affectives et historiques grâce à l'ensemble de la métaphore développée en apposition. L'image de l'épée posée sur les mains rejaillit sur l'acte de recevoir (normalement conçu comme une forme de simple passivité) pour évoquer une cérémonie d'investiture appartenant au monde de la chevalerie, à l'instar de la première image du *Tombeau des rois,* qui rappelle le monde de la fauconnerie. Je note cependant que l'image de *Mystère de la parole* est moins fortement marquée par les valeurs subjectives, dont la violence éplorée s'impose dès le début du *Tombeau des rois* avec ce « cœur au poing », ce cœur en quelque sorte arraché et aveuglé avant même que soit entreprise l'action du poème (ou pour que soit possible cette action).

Cette troisième partie du verset, reprise métaphorique de l'élément central, est amenée par mode de juxtaposition ou d'apposition, qui est l'une des formes les plus intéressantes de développement dans la poésie d'Anne Hébert. « Il faut... noter que les rhétoriques du passé regardaient certains types d'appositions comme des figures de développement. Fontanier parle à leur propos de *construction par exubérance* [19] ».

« Construction par exubérance »... L'expression paraît relativement juste pour décrire l'apposition dans *Mystère de la Parole,* mais elle l'est moins pour *le Tombeau des Rois.* Pourquoi ? Est-ce la tonalité d'ensemble qui impose une fonction différente ? Mais la tonalité d'un poème est-elle autre chose que la rencontre de toutes ses fonctions ? Est-ce le rôle de l'apposition, forme ouverte par excellence, qui change selon son contenu ? Ou selon son contexte ? [20] Et d'abord, juxtaposition et apposition sont-elles des formes équivalentes ? Sont-elles dans un rapport d'inclusion et de hiérarchie (genre/espèce) ou dans un rapport d'intersection ? Il vaudrait peut-être mieux réserver le terme juxtaposition pour une écriture moins soumise aux exigences de la syntaxe. L'apposition, me semble-t-il, manifeste une liberté plus étroitement mesurée, elle peut même signaler une écriture entravée. Ainsi l'apposition peut être aussi bien une figure de repli que d'expansion. Dans *le Tombeau des rois,* elle a pour fonction de préciser, de délimiter, de cerner un élément dans l'inventaire affectif qu'effectue le poème ; dans *Mystère de la parole,* elle est au contraire une forme de propagation de l'image et de la parole.

Il apparaît donc que le noyau du premier verset en est la partie centrale, celle qui nomme explicitement l'Événement : « Nous avons reçu la passion du monde », dont tout le reste du poème est une expansion (d'ailleurs exigée par le temps verbal), un peu de la même façon que le mot « pain » constitue le point de départ et le résumé de *Naissance du pain.* Pourtant, c'est l'apposition métaphorique qui transforme aussi bien l'ensemble du texte que le premier verset. C'est elle qui fait de la description un acte poétique. C'est elle qui obnubile la structure narrative annoncée par la formule rituelle du début et me projette dans un univers qui n'est plus de l'ordre du raconté mais bien de l'existence mise en acte par le seul pouvoir du langage.

La proposition initiale du verset suivant renvoie du côté de l'imparfait, c'est-à-dire, du rappel de l'état antérieur qui sera développé plus loin, mais la suite du verset revient au temps de l'Événement :

> *Notre cœur ignorait le jour lorsque le feu nous fut ainsi remis, et sa lumière creusa l'ombre de nos traits.*

Cependant, plus que les temps verbaux, c'est la structure même du verset qui en oriente la lecture. En effet, ce verset s'ajoute et s'ajuste au précédent comme son double métaphorique. Le « couplage » [21] de l'un à l'autre est d'ailleurs assez évident puisque la répartition ternaire de chacun est accentuée par l'exacte concordance de la mesure syllabique des parties médianes.

Encore ici la section médiane s'oppose à la première, alors que la troisième reproduit dans ses éléments antithétiques le rapport qui existe entre les deux premières sections du verset. Le jeu d'opposition métaphorique est cependant moins riche que dans le premier verset : il se maintient ici dans un seul registre, celui de l'antithèse archétype constituée par le jour et la nuit, l'ombre et la lumière, sur quoi se greffe une représentation métonymique du locuteur par le « cœur » et les « traits ».

Le dernier segment, amené par le moyen d'une coordination, en plus de reprendre l'opposition entre les deux autres propositions, représente une première conséquence de l'Événement : « et sa lumière creusa l'ombre de nos traits ». Mais le rapport de cause à effet demeure effacé, obnubilé. Comme à peu près partout ailleurs dans la poésie d'Anne Hébert, lorsqu'il s'agit d'une action et d'une réaction qui touchent le sujet personnel, le rapport de causalité se réduit à une simple coordination, à une forme de simultanéité qui en préserve et même en accentue tout le côté insaisissable. De plus, la transformation de l'être, représentée par le visage, s'exprime souvent en des termes analogues. Elle se manifeste ainsi selon un ordre inverse (par rapport à l'opposition entre l'ombre et la lumière) dans *le Tombeau des rois* :

> *L'ombre de l'amour me maquille à petits traits précis :*
> *Et cet oiseau que j'ai*
> *Respire*
> *Et se plaint étrangement.*
>
> (*T.R.*, 60-61)

Elle conserve la même forme en ces deux versets, déjà cités, du poème *Ève* :

> *Souviens-toi du cœur initial sous le sacre du matin, et renouvelle notre visage comme un destin pacifié*
>
> ....
>
> *Que ta mémoire se brise au soleil, et, au risque de réveiller le crime endormi, retrouve l'ombre de la grâce sur ta face comme un rayon noir.*
>
> (*M.P.*, 101-102)

Au plan de la signification, chaque segment de ces premiers versets de *Mystère de la parole,* tout en contrastes et en échos intérieurs, correspond à son vis-à-vis dans l'autre verset. Ce que l'on pourrait représenter par le schéma suivant :

$$\frac{\text{pays tranquille}}{\text{passion du monde}} \sim \frac{\text{mains posée}}{\text{épée nue}} :: \frac{\text{ignorait le jour}}{\text{feu remis}} \sim \frac{\text{ombre}}{\text{lumière}}$$

On remarquera que le schéma suit chaque fois l'ordre du texte dans la représentation de la première opposition, mais l'inverse dans le cas de la seconde : les rapports d'opposition, tels qu'ils sont disposés dans les versets 1 et 2, constituent chaque fois une figure que la rhétorique classique appelle un *chiasme*. On constate par ailleurs que la concordance entre les deux sections centrales s'accompagne d'une inversion du mode verbal, le passage de l'actif au passif constituant un renversement de la perspective sur un même acte.

Si je prolonge maintenant la comparaison au plan phonique, je puis noter un meilleur équilibre dans le premier verset. La consonne « p » y marque chacun des éléments importants et s'accompagne d'une répétition de voyelles particulières à chaque segment : les « i » dans le premier, les « on » dans le deuxième, les « é » dans le troisième. Par contre, même si la consonne « r » revient dix fois dans l'autre verset, les rapprochements sonores, tels que « feu... fut » et « ainsi remis », ne créent aucun lien significatif. D'ailleurs, il me semble qu'en ce domaine, il faut se garder d'attribuer une signification particulière aux sonorités ou d'attacher une valeur absolue à des impressions qui ne se rattachent qu'à un aspect du phénomène poétique. Cependant, l'examen de la répartition phonique dans les deux premiers versets permet d'éclairer un aspect de la composition de tout le poème [22].

Si certaines significations élémentaires sont communes à chaque section de ces deux premiers versets, si le sens global paraît être le même pour les deux, on constate cependant qu'aucun des deux versets n'est donné comme le signifié exact de l'autre, chacun pouvant être tour à tour le signifié ou le signifiant de l'autre. Chaque verset se trouve redondant par rapport à l'autre, mais chacun renvoie aussi à un sens qui ne s'accomplit explicitement dans aucun. C'est que chacun se pose comme une expression métaphorique.

Il s'accomplit en ce début de poème un jeu de renvois réciproques et de face à face qui, bien qu'il ne soit pas parfaitement clos, fait de chaque verset le miroir de l'autre, miroir qui, en même temps et d'un même mouvement, déforme et reforme ce qu'il reflète en profondeur. Et dans cet espace à la fois intérieur et extérieur à chaque verset pris isolément, je retrouve un modèle du déroulement du poème lui-même comme déploiement métaphorique de sa propre désignation. En instituant ainsi sa représentation métaphorique, le poème se donne en quelque sorte son propre pouvoir d'engendrement. Du même coup, je me trouve engagé dans un ordre du langage qui situe sa signification première aussi bien en son apparition et son devenir que dans le parcours d'une représentation.

L'événement que représente la remise du feu et de la passion du monde se situe dans un contexte spatio-temporel qu'évoque le premier élément de chacun des deux premiers versets. C'est ce même contexte que précisent les versets 3 et 4 :

> *C'était avant tout faiblesse, la charité était seule devançant la crainte et la pudeur. Elle inventait l'univers dans la justice première et nous avions part à cette vocation dans l'extrême vitalité de notre amour.*

La série des imparfaits sert ici à définir un état qui contraste avec l'Événement, et cette définition est celle d'un monde en même temps que d'un mode de vie. On en retrouve une série analogue au début du *Torrent* et il est facile de constater que le rapprochement se justifie autant par le sens de l'ensemble du texte que par le temps verbal :

> J'étais un enfant dépossédé du monde. Par le décret d'une volonté antérieure à la mienne, je devais renoncer à toute possession en cette vie. Je touchais au monde par fragments, ceux-là seuls qui m'étaient immédiatement indispensables, et enlevés aussitôt leur utilité terminée ; le cahier que je devais ouvrir, pas même la table sur laquelle il se trouvait, le coin d'étable à nettoyer, non la poule qui se perchait sur la fenêtre ; et jamais, jamais la campagne offerte par la fenêtre. Je voyais la grande main de ma mère quand elle se levait sur moi, mais je n'apercevais pas ma mère en entier, de pied en cap. J'avais seulement le sentiment de sa terrible grandeur qui me glaçait [23].

Ce premier paragraphe du *Torrent* décrit la dépossession en deux temps : un premier, universel et abstrait, où se regroupent les termes « vie », « monde » « possession ». Il est remarquable que, par souci de précision semble-t-il, les termes essentiels de l'énoncé initial soient repris, comme pour bien manifester qu'il ne s'agit pas d'une banale affirmation rhétorique : « dépossédé » se double de « renoncer à toute possession » et l'ensemble de l'expression « dépossédé du monde » se trouve explicité par « Je touchais au monde par fragments ». C'est le même souci de précision qui, dans un deuxième temps, énumère les actes et les objets concrets affectés par la dépossession, en s'orientant, sous couvert de l'énumération, vers la cause même de cet état : la mère, représentée en un geste menaçant. Il faut noter que le texte revient ensuite au palier de l'abstraction pour expliciter le rapport à la mère et rétablir le niveau de la narration.

Dans les deux versets de *Mystère de la parole,* l'état antérieur, qui marque aussi une forme de dépossession, n'est représenté qu'en termes abstraits, même si le mouvement demeure celui de l'explicitation à partir d'un énoncé englobant. Ces termes abstraits : « faiblesse », « charité », « crainte », « pudeur », « justice », « amour », on peut facilement y retrouver comme dénominateur commun la notion de *disposition morale* ou de *vertu.* De plus, ils sont reliés les uns aux autres selon une hiérarchie qu'articule tout un vocabulaire de position. Or, ces *vertus,* me semble-t-il, sont affectées d'une certaine valeur négative.

Comment expliquer cette impression ? La valeur dépréciative qui s'attache à ces termes ne peut provenir de la signification qu'ils dénotent habituellement. Leur sème commun, *vertu,* les situe plutôt du côté positif par opposition à *péché* ou à *vice.* Mais le poème subvertit leur action significative : il ne les définit plus par rapport à *vice* ou à *péché,* mais leur assigne pour fonction de représenter l'état antérieur, les opposant ainsi à l'Événement, désigné comme la réception de la « passion du monde », à quoi est attribuée valeur de lumière et de feu. L'ordre « vertueux » appartient donc au règne de l'ombre, il prolonge la proposition du deuxième verset : « Notre cœur ignorait le jour ».

Toute la description se développe sous l'impulsion de « C'était avant tout faiblesse », premier élément d'un groupe ternaire, et le seul où le sème de *vertu* ne se retrouve pas véritablement. L'influence de l'énoncé initial est renforcée au verset suivant par l'ambiguïté du pronom « elle », dont on ne sait s'il a pour antécédent « charité » ou « faiblesse ». Encadrée par l'équivalence des termes « charité » et « amour », tous deux en positions analogues (« seule devançant » et « extrême »), et placée globalement sous le signe de la « faiblesse », la représentation de l'état antérieur est ainsi affectée d'une connotation péjorative. On peut même dire que l'ordre des *vertus* a valeur négative depuis la première antithèse du poème, depuis que « pays tranquille » a servi à la mise en relief de « passion du monde ».

Ici, c'est surtout l'opposition structurelle, où l'un des opposés se développe au détriment de l'autre, qui change la valeur des « vertus ». Dans un poème comme *la Sagesse m'a rompu les bras,* on voit se multiplier les moyens d'assurer la transformation de valeur. On y reconnaît d'abord l'enchaînement antithétique entre action et réaction qui, des strophes I à VI, régit les rapports de la sagesse et du locuteur du poème, personnages caractérisés respectivement par la douceur et par la violence. Puis toute cette imagerie du combat et de l'obscurité devient le volet opposé aux strophes finales où se développe une projection spatiale marquée par la lumière, le départ et l'ouverture, mais conservant encore certains éléments de violence dans un climat d'apaisement. Cependant, au fil de la lecture, on se rend compte que des termes comme « sagesse » et « douceur », « colère » et « violence » subissent une inversion de valeur. Ainsi, dès le début du poème, des actes maléfiques sont attribués à la sagesse : rompre les bras, briser les os. Le lecteur maintient alors les significations diverses qu'un dictionnaire place à l'adresse du mot « sagesse », mais il en fait passer les connotations de l'ordre positif à l'ordre négatif. Pour renforcer le renversement initial, Anne Hébert multiplie les caractéristiques péjoratives : « très vieille femme », « envieuse », « onction », « fiel », « eau verte ». Dans l'élan de l'accumulation, le terme « onction » est assimilé aux autres et devient, lui aussi, dépréciatif. À la strophe suivante, « douceurs » est inséré dans l'expression stéréotypée « jeter des injures à la face » à la place de « injures », comme s'il en était l'exact équivalent. Cette substitution est d'ailleurs accentuée, quelques vers plus loin, par la présence de « insulte fade », qui s'oppose immédiatement au verbe « crier » et à l'expression « le fer et le feu de mon héritage ». D'une certaine façon, la transformation est plus radicale dans *la Sagesse m'a rompu les bras* que dans *Mystère de la parole* puisqu'elle intervertit la valeur de deux séries opposées.

« *Des noces excessives* »

Le passé simple et la reprise du verbe *recevoir* dans l'expression consacrée, « recevoir droit d'asile », qui, comme l'investiture du début du poème, rappelle tout un ensemble de coutumes et de valeurs remontant à la civilisation du Moyen-Âge, rétablissent le discours de l'Événement après l'intervalle du retour à un état antérieur :

> *La vie et la mort en nous reçurent droit d'asile, se regardèrent avec des yeux aveugles, se touchèrent avec des mains précises.*

Les termes antithétiques « vie » et « mort » affirment la présence de la totalité du réel par opposition aux dispositions morales qui, appartenant à l'ordre intérieur, servaient plutôt d'écran contre le monde et marquaient un repli sur soi. La conjonction des contraires représente dans la poésie d'Anne Hébert une forme supérieure de présence, qui ne refuse rien, ne se refuse à aucune réalité et affronte les extrêmes pour leur donner un sens qui les dépasse. On la rencontre surtout dans *Mystère de la Parole,* telle qu'en ce vers de la *Sagesse m'a rompu les bras* :

> *Envers, endroit, amour et haine, toute la vie en un seul honneur.*

Mais c'est peut-être le poème *Je suis la terre et l'eau,* construit presque entièrement sur le jeu des contraires, qui en assure le plus ample déploiement. Par contre, la prose, lorsqu'elle use de ce procédé, tend à dissoudre la conjonction plutôt qu'à la renforcer. Ainsi, dans *Kamouraska,* si Elisabeth d'Aulnières se définit d'abord en termes antinomiques : « Je suis la vie et la mort inextricablement liées » (p. 164), elle reprend plus tard cette définition pour l'insérer dans une série qui la défait en répartissant les éléments selon la durée et en fonction de personnages divers : « Je suis l'envers de la mort. Je suis l'amour. L'amour et la vie. La vie et la mort. Je veux vivre ! Je veux que tu vives ! Qu'Antoine meure donc et qu'on n'en parle plus ! » (p. 202). C'est plutôt au niveau de la forme romanesque elle-même que s'affrontent et se résolvent les contradictions.

Les pôles « vie » et « mort », dans le poème, sont personnifiés et doués d'une activité particulière et progressive qui découle de leur cécité : la connaissance « précise » par le toucher, soulignant à la fois leur caractère antinomique et leur intime conjonction. Ce sont en quelque sorte ces « grandes vertus brutes » (*M.P.,* 97) qui s'opposent aux vertus trop bien ordonnées de l'univers moral.

L'expression « yeux aveugles » n'est pas, par elle-même, très significative. Elle n'est qu'une antithèse apparente, qu'on retrouve, par exemple, dans *Naissance du pain* :

> *J'entends battre contre la porte, lâches et soumises, mille bêtes aigres au pelage terne, aux yeux aveugles ;*
>
> (*M.P.,* 76)

Lorsqu'on veut marquer que les yeux ne voient pas, on accentue ce fait en lui donnant la valeur d'un état, rejoignant ainsi l'étonnement déjà exprimé dans le texte évangélique à l'égard des yeux qui ne voient pas. Mais ici, l'étonnement porte sur l'action inverse : ils sont aveugles et ils se regardent. C'est le contexte et, en particulier, le geste de se toucher « avec des mains précises » qui donnent à la cécité son sens fort pour revivifier l'antithèse des « yeux aveugles ». De plus, il est à noter que l'action et l'état sont attribués aussi bien à la vie qu'à la mort. On a plutôt l'habitude de dire qu'on regarde soit la vie, soit la mort sans les voir ou encore que la vie ou la mort est aveugle. En faisant de la vie et de la mort ensemble le sujet des trois verbes, Anne Hébert manifeste de façon concrète une découverte, un affrontement, une rencontre des deux versants à la fois de l'existence, rencontre qui était jusqu'alors notamment absente de sa poésie, où presque toujours les valeurs de vie étaient effacées au profit de celles de la mort.

L'état antérieur contraste ainsi avec la reprise de l'Événement, d'abord sous la forme abstraite mais personnalisée de « la vie et la mort », puis sous la forme plus concrète d'un afflux de sensations (versets 6 à 8). En intercalant dans le déroulement événementiel un retour à un état antérieur représenté comme un ordre de dispositions morales. Anne Hébert institue en quelque sorte un système où les *vertus* sont affectées d'une valeur restrictive et même négative par rapport à « la passion du monde » et à « la lumière » puis, dans un deuxième temps, par rapport à « la vie et la mort » et à la réalité sensible. Ce système est par ailleurs renforcé par la présence du même jeu d'opposition en d'autres poèmes du recueil.

C'est ce même jeu d'opposition qui fonde le mouvement de refus et d'action dans *Alchimie du jour,* poème qui s'ouvre par une mise en garde contre les filles-vertus, « filles de feux roux », « filles aux cœurs violets », aux « pitiés bleues », aux « ombres mauves », aux « pieds de feutre vert » et à la démarche processionnelle :

> *Qu'aucune servante ne te serve en ce jour où tu lias ta peine sauvage, bête de sang, aux branches basses du noir sapin,*
>
> *Ne le dites pas aux filles de feux roux, ne prévenez pas les filles aux cœurs violets ;*
>
> *Elles paraîtraient toutes les sept en ta chambre portant les pitiés bleues en des amphores tranquilles hissées sur leurs cheveux,*

> *Elles glisseraient la longue file de leurs ombres mauves pareilles à l'envers des flammes marines en une calme frise processionnelle aux quatre vents de tes murs.*
>
> *Ne prévenez pas les filles aux pieds de feutre vert découpés à même d'antiques tapis réservés au déroulement lent des douleurs sacrées, pré doux au soleil tondu, aux herbes silencieuses et drues sans l'espace vif du cri,*
>
> *Ni l'obscure et forte vibration de l'amour souterrain semblable à la passion excessive de la mer en l'origine de son chant appareillant.*
>
> (*M.P.*, 80-81)

Contre ce monde étouffant, sec et silencieux, *Alchimie du jour* revendique le lyrisme des couleurs à l'état pur, des sensations les plus vives et de la parole se liant au monde :

> *Pose le vert contre le bleu, usant d'un vif pouvoir, ne crains pas l'ocre sur le pourpre, laisse débonder le verbe se liant au monde telle la flèche à son arc,*
>
> *Laisse le don alerté mûrir son étrange alchimie en des équipages fougueux,*
>
> *Profère des choses sauvages dans le soleil, nomme toute chose face au tumulte des grands morts friables et irrités.*
>
> (*M.P.*, 82-83)

Au plan de la structure, *Alchimie du jour* développe sur le mode lyrique l'opposition établie dès le premier verset entre « servante » et « toi ». Mais, en fait, ces deux personnages ne seraient que deux états du même sujet, comme le montre bien le contraste entre les séries de couleurs, où l'opposition ne s'exerce pas d'une couleur à l'autre (les mêmes se retrouvent à peu près dans chaque série) mais réside plutôt dans la différence de leurs fonctions. Dans le premier temps, les couleurs sont en quelque sorte contaminées par les dispositions morales ; dans le second, à l'état essentiel, elles sont à l'usage de ce « vif pouvoir » qui les mêle et les juxtapose à volonté dans sa libre création plutôt que selon une ordonnance préétablie. Dans le premier temps, les couleurs appartiennent à l'ordre du monde intérieur ; dans le second, elles sont des éléments du monde sensible.

La dénonciation de l'ordre « vertueux » se retrouve en termes analogues dans *la Ville tuée* :

Les enfants furent endormis de force sans bruit
On érigea le dogme et la morale, et la première saison s'allongea sans passion

Un vent lourd s'abattit sur toutes choses. C'était le jugement au comble de lui-même croissant sur nous, régnant à perte de vue

Les souvenirs furent passés au crible, tout amour impitoyablement saisi avec toute mémoire rêveuse ou insolente

Longtemps la douleur et la mort semblèrent subjuguées.

(*M.P.*, 95)

En cette ville captive où « la douleur et la mort [semblent] subjuguées, » on reconnaît le « pays tranquille » de *Mystère de la parole* et l'on découvre du même coup un sens encore plus fort au cinquième verset de ce poème, où « la vie et la mort », en recevant « droit d'asile », sont enfin reconnues et libérées pour marquer la rupture d'un ordre moral qui les niait.

C'est encore selon une même opposition entre l'ordre « vertueux » et la révolte se manifestant en accord avec le monde sensoriel que s'articulent les deux temps d'action et de réaction de *la Sagesse m'a rompu les bras,* où les attributs et les gestes de la vieille femme Sagesse ressemblent étrangement à ceux des sept filles d'*Alchimie du jour* :

La sagesse m'a rompu les bras, brisé les os
C'était une très vieille femme envieuse
Pleine d'onction, de fiel et d'eau verte

Elle m'a jeté ses douceurs à la face
Désirant effacer mes traits comme une image mouillée
Lissant ma colère comme une chevelure noyée

Et moi j'ai crié sous l'insulte fade
Et j'ai réclamé le fer et le feu de mon héritage.

Voulant y faire pousser son âme bénie comme une vigne
Elle avait taillé sa place entre mes côtes.
Longtemps son parfum m'empoisonna des pieds à la tête

(*M.P.*, 92)

La colère et la révolte, la violence de l'amour et le départ dans la lumière crue du matin aboliront le règne de la « sagesse ». Dans *Mystère de la parole,* à l'action d' « effacer [les] traits » s'opposera « la lumière [creusant] l'ombre de mes traits », au « parfum » qui empoisonne s'opposeront les « flèches d'odeur » de la terre vive. C'est le don de « la passion du monde » (annoncé dès le premier verset) qui vient rompre l'ordre du « pays tranquille ». Après l'évocation de l'état antérieur, le poème revient à l'Événement, d'abord sous la forme d'une conjonction et d'une prise en charge des contraires absolus, « vie et mort », puis, des versets 6 à 8, par la représentation de plus en plus fortement lyrique d'un afflux sensoriel qui consacre des « noces excessives » avec la terre :

Des flèches d'odeur nous atteignirent, nous liant à la terre comme des blessures en des noces excessives.

On peut rapprocher le sixième verset de *Mystère de la parole* de l'une des exhortations d'*Alchimie du jour,* où l'on retrouve à la fois le substantif « flèche » et l'expression « liant au monde » comme une leçon plus abstraite de « liant à la terre », leçon plus abstraite qui s'accorde mieux avec la tonalité de l'exhortation, prenant appui sur le substantif « verbe » : « laisse débonder le verbe se liant au monde tel la flèche à son arc ».

Les termes communs aux deux poèmes commandent ici deux constellations d'images qui créent la signification propre à ce verset de *Mystère de la parole.* La première, représentation métaphorique « d'odeur », s'étend de « flèches » (qui en est le point d'origine) à « atteignirent », à « blessures »; la seconde, comprend le participe présent et « noces ». Pourtant, les deux séries ne sont pas réparties de chaque côté de la virgule : la comparaison, qui appartient très visiblement à la première série, est reportée après le groupe du participe afin, semble-t-il, de rétablir l'équilibre du rythme ternaire. Mais ce déplacement a plus qu'une fonction rythmique : il assure le lien entre les deux groupes d'images et, surtout, il étend le rayonnement de la comparaison aux deux verbes « atteignirent » et « liant » ainsi qu'à l'expression « noces excessives » dont il oriente la valeur particulière.

Encore une fois on est en mesure de constater comment la poésie transforme le champ de signification d'un mot : « blessure » prend ici valeur positive, salvatrice même, par opposition au monde protégé, clos et ordonné de l'état antérieur ; par contraste aussi avec les « compassions crayeuses » des servantes d'*Alchimie du jour* et avec l'onction de la « très vieille femme » qui incarne la sagesse dans *la Sagesse m'a rompu les bras.*

L'investiture, événement premier du poème, se fait investissement du sujet par le monde sensoriel. L'afflux de sensations, qui culmine dans l'énumération lyrique du septième verset, prend ici un caractère neuf et violent avec les images de blessure (v. 6), de sang (v. 7) et d'orage (v. 8). Si l'on se reporte aux poèmes précédents, on constate qu'une présence aussi vive de la réalité sensorielle, et en particulier olfactive, constitue une représentation nouvelle dans la poésie d'Anne Hébert.

La représentation la plus positive de l'olfactif se trouve dans la très belle métaphore du début de *l'Envers du monde,* où « les filles bleues de l'été » sont

Longues tiges lisses du plus beau champ d'odeur.

Mais la richesse valorisante de cette image est neutralisée, étouffée par toute la suite du poème, jusqu'à la strophe finale où l'une des filles

... cherche en vain derrière elle
Un parfum, le sillage de son âge léger
Et trouve ce doux ravin de gel en guise de mémoire.

(*T.R.*, 53)

En revanche, les odeurs abondent dans *Mystère de la Parole ;* elles y sont puissantes, foisonnantes, et leur éclatement manifeste une présence du sensoriel dans toute sa force et sa magnificence, comme en ce septième verset du poème titre :

Ô saison, rivière, aulnes et fougères, feuilles, fleurs, bois mouillé, herbes bleues, tout notre avoir saigne son parfum, bête odorante à notre flanc.

Les odeurs sont rarement présentes dans *le Tombeau des Rois,* et lorsqu'elles s'y trouvent, c'est dans un contexte à tel point limitatif que tout le recueil paraît obéir encore à l'interdit formulé dans le premier poème des *Songes en équilibre* :

Dehors c'est un jour de juin.
Fermez la fenêtre !
Que le parfum n'entre pas ;
Il dérangerait mon songe [24]
Renfermé !

(*S.E.*, 13)

Ainsi dit-on de la rose trémière, dans *Petit Désespoir,* qu'elle « n'a pas tant d'odeur qu'on croyait » (*T.R.*, 23). Dans *la Chambre de bois*

L'odeur des pins est une vieille servante aveugle
dont on craint qu'elle
Ne laisse tomber sa charge d'odeurs

(*T.R.*, 42-43)

Ailleurs, l'odeur est dite « capiteuse », mais c'est celle de *la Petite Morte* (*T.R.*, 48). Dans *le Tombeau des rois,* « l'odeur bouge...

Suinte sous le pas des portes [25]

(*T.R.*, 60)

La poussée lyrique rompt soudain la continuité du temps verbal et la structure qui régissait la forme du verset jusqu'à présent dans le poème. L'énumération libère momentanément le verset du modèle et du rythme de la phrase pour distribuer, pour redistribuer ses éléments selon la matérialité de la langue. Elle se donne ainsi de nouvelles structures, qui sont le découpage et les rythmes prosodiques, la rime intérieure, l'assonance, l'allitération. Pourtant, elle demeure subordonnée à la forme de la phrase et s'y résorbe. C'est cette dernière qui rétablit la structure habituelle du verset et qui assigne à l'énumération une valeur précise, celle d'un « parfum » mais aussi d'une blessure, doublant et prolongeant ainsi le verset précédent. Mais il y a plus ici qu'une présence touffue des éléments sensoriels.

Les « flèches d'odeur » (v. 6), les éléments de la nature (v. 7), « les couleurs et les sons » (v. 8) atteignent le locuteur à la façon d'une possession, voire d'une défloration, comme le suggèrent les termes mêmes de cette partie du poème ou encore un verset analogue mais plus explicite dans *Je suis la terre et l'eau* :

Ah quel automne ! Qui donc m'a prise parmi des cheminements de fougères souterraines, confondue à l'odeur du bois mouillé, mon ami, mon ami

(*M.P.*, 87)

On notera la présence ici de certains termes qui se trouvent aussi dans le verset septième de *Mystère de la parole*. En fait, on pourrait rapprocher de cette séquence de *Mystère de la parole* tout le second mouvement de chacun des poèmes *Survienne la rose des vents, Je suis la terre et l'eau* et *la Sagesse m'a rompu les bras.* Ou encore, on peut se reporter au recueil précédent pour mettre en relief le caractère significatif des représentations qui apparaissent ici.

Les rapports amoureux sont évoqués dans quelques poèmes du *Tombeau des rois,* mais ils sont privés de toute valeur de fécondité. Au contraire, ils y sont plutôt marqués du signe de la mort. Dans *l'Envers du monde,* les têtes d'amants meurent entre les mains des « filles bleues de l'été » :

Dans nos mains peintes de sel
(Les lignes de destin sont combles de givre)
Nous tenons d'étranges lourdes têtes d'amants
Qui ne sont plus à nous
Pèsent et meurent entre nos doigts innocents.

(*T.R.*, 53)

Et l'étrange joaillerie que pratique *la Fille maigre* est en quelque sorte une mise à mort réciproque s'accomplissant à travers les rapports entre les amants.

Tout au long du *Tombeau des rois,* entre les « gisants » et la « chair qui tremble », « offrande rituelle et soumise », entre les grands morts et « la chair sacrifiée » de celle qui descend au tombeau à la rencontre de « sept grands pharaons d'ébène », se prépare et se consomme un fascinant et méticuleux simulacre d'amour, qui est un rite de mort, marqué de sécheresse et d'effroi. J'en retrouve dans *Vie de château* une forme plus explicite, quoique répétant certains gestes et même certaines expressions des vers du *Tombeau des rois* :

Vois, ces glaces sont profondes
Comme des armoires
Toujours quelque mort y habite sous le tain
Et couvre aussitôt ton reflet
Se colle à toi comme une algue
S'ajuste à toi, mince et nu,
Et simule l'amour en un lent frisson amer.

(*T.R.*, 54)

L'équivalence entre « amour » et « amer » en ce poème est particulièrement significative et tout à l'opposé des « blessures » vives qui provoquent l'enchantement dans *Mystère de la parole.*

La blessure en quoi se résorbe et se résume l'énumération de ce septième verset prend forme et place particulières : le « flanc » est bien ici le lieu vital essentiel, manifestant sa réalité physique, voire physiologique, par la conjonction des images du sang, de la bête et surtout de l'odeur, élément commun au noyau de la phrase et à l'apposition. À la fin de *Survienne la rose des vents,* le « flanc », « ouvert », sera aussi lieu originaire de la vie :

un sacrement de sel à son flanc ouvert.

(*M.P.*, 85)

C'est aussi « au côté » que, dans *Et le jour fut,* l'on éprouvera le cœur enfin repossédé :

Qui dit son ressentiment éprouve son cœur au côté comme une arme fraîche [26].

La comparaison suscite une image qui pourrait s'apparenter à la blessure mais qui rappelle davantage « l'épée nue ». Dans le même poème d'ailleurs, le « cœur-arme fraîche » s'oppose à « la fleur du sacrifice au flanc du prêtre et de l'esclave ».

Tous les éléments de la visitation sont maintenant en place. Ils sont d'abord apparus sous la forme abstraite de « la vie et la mort » puis, avec force, dans l'ordre olfactif et, enfin, ce sont « les couleurs et les sons » :

Les couleurs et les sons nous visitèrent en masse et par petits groupes foudroyants, tandis que le songe doublait notre enchantement comme l'orage cerne le bleu de l'œil innocent.

En même temps qu'un complément d'inventaire, ce verset, à l'instar de ceux du début du poème, établit une totalisation concrète. Par sa forme et sa représentation d'ensemble, il appelle d'ailleurs un raccord avec le deuxième verset. Autour d'une subordination temporelle (« lorsque », « tandis que »), chacun articule deux éléments : d'abord la « visitation », l'Événement, qui est une représentation commune aux versets 1 et 2 ainsi que 5, 6, 7 et 8 ; puis, en fin de vers, le modelage du visage, donné comme tel au deuxième verset, et repris ici sous une forme indirecte dans la comparaison finale.

Le parallèle avec le deuxième verset risque cependant de produire un contresens si l'on prend certains termes à la lettre. On pourrait, en effet, être tenté de considérer les deux premières parties de chacun des versets comme en position d'équivalence à cause de leur répartition de chaque côté de la conjonction temporelle, alors qu'en fait les deux volets du verset 8 correspondent davantage aux deuxième et troisième sections du verset 2.

La première partie du verset 8 ajoute un verbe à la série déjà installée depuis le début, comme si la démarche du poème consistait à enrichir ce paradigme verbal :

« nous avons reçu »
« nous fut remis »
« en nous reçurent droit d'asile »
« nous atteignirent »
« nous visitèrent »

On notera que les derniers cas de la série correspondent à un registre plus concret et s'accompagnent d'éléments de même nature. C'est ainsi qu'on retrouve « les couleurs et les sons » comme sujet du verbe « visitèrent » et que la modalité de l'action est apparemment établie de façon précise. Toutefois, les deux compléments s'annulent logiquement (« en masse »/« par petits groupes ») pour ne laisser qu'une impression indéfinissable dont la teneur est la profusion et la force.

Le deuxième volet correspond à ce qui, dans le verset 2, se rattache au noyau de la phrase par l'intermédiaire de la conjonction « et » : « et sa lumière creusa l'ombre de nos traits », marquant ou bien une conséquence ou bien une action concomitante. La nature de l'action qui s'exerce sur le sujet est difficile à définir exactement, même si elle se rapporte encore une fois au visage.

En se fondant de prime abord sur les seules analyses du vocabulaire, on serait tenté d'attribuer au songe la portée négative qui est sienne dans tout *le Tombeau des Rois*. Or, le songe s'accompagne ici d'un « enchantement ». Pourtant, la comparaison n'est pas sans ambiguïtés : les termes « orage » et « cerne », qui comportent normalement des connotations négatives, semblent s'opposer à « l'œil innocent ». Il faut donc revenir à l'opposition du début du poème, où l'ordre vertueux, auquel appartient l'innocence, est lui-même placé en position privative du point de vue des valeurs. En un sens, il y a bien ici une forme de renversement des valeurs et de contraste, selon laquelle « le bleu de l'œil innocent » est plutôt négatif alors que « l'orage cerne » acquiert un sens positif. Par contre, le parallèle établi par la comparaison place en position d'équivalence « enchantement » et « le bleu de l'œil innocent », atténuant ainsi le contraste et lui donnant plutôt la forme d'une consécution, d'un passage d'un état à un autre état. On doit alors lire le verbe *doubler* selon ses deux sens principaux et attribuer au « songe » le rôle de multiplier l'enchantement de l'ordre sensoriel et en même temps, la fonction de doublure morale de halo qui élargit d'une certaine façon l'ordre sensoriel. Ainsi peut-on dire que la comparaison finale avec « l'orage » s'applique autant à l'action des couleurs et des sons qu'à celle du songe.

Par ailleurs, Anne Hébert a utilisé quelques-uns des termes de ce verset dans une phrase de *Poésie, solitude rompue* :

> *Le changement est si brusque, la vie fraîche sous les arbres ressemble si peu au soleil dur qu'il vient de quitter, que cet homme* [le lecteur qui aborde l'œuvre d'un poète] *est saisi par l'étrangeté du monde et qu'il s'abandonne à l'enchantement, subjugué par une loi nouvelle, totale et envahissante, tandis qu'il expérimente avec tous ses sens altérés, la fraîcheur extraordinaire de la forêt.*
>
> (*Poèmes,* 68-69)

Cette expérience que la prose décrit et raconte longuement comme une entrée en forêt après une longue marche au soleil, la poésie lui donne un caractère à la fois moins précis et plus intense, en même temps qu'elle inverse la position des éléments qu'articule la conjonction temporelle. De sorte que, si l'on voulait considérer le texte en prose comme une paraphrase exacte du huitième verset, il faudrait le lire dans l'ordre suivant :

> *il expérimente avec tous ses sens altérés, la fraîcheur extraordinaire de la forêt, tandis qu'il s'abandonne à l'enchantement, subjugué par une loi nouvelle, totale et envahissante.*

La poésie rend le saisissement sensoriel encore plus fort : elle lui assigne non plus une simple valeur comparative, mais une fonction de réel. D'autre part, elle fait intervenir un élément supplémentaire, le songe, qui marque bien qu'il s'agit ici d'autre chose qu'une simple impression physique.

En fait, le sens d'une très large part de l'œuvre poétique d'Anne Hébert me paraît tenir dans la nature même du songe et dans le jeu des rapports qui en naissent entre le sujet et le monde. *Les Songes en équilibre* mettent en œuvre la prise de conscience d'une véritable dichotomie qui s'effectue entre deux expériences du songe : celle d'une communion heureuse avec les choses et le monde, où le songe s'apparente à la rêverie ; celle d'un songe qui consacre une distance où l'être s'enferme et s'abolit hors du monde. Du même coup, c'est l'univers d'Anne Hébert qui prend forme en son envers, qu'explore *le Tombeau des Rois,* et son endroit, que rétablit *Mystère de la Parole.*

C'est du songe que la plupart des poèmes du recueil de 1953 tirent leur tonalité. Dans cet envers du monde, les choses sont vidées de leur substance, elles ne sont plus que le signe maléfique d'elles-mêmes. Et tout le recueil se déroule comme la mise à exécution d'une volonté d'aller jusqu'à l'ultime limite du songe, dont le poème titre relate enfin la douloureuse sortie [27]. Par contre, dans *Mystère de la Parole,* le songe se fait de nouveau communion avec le monde qui récupère son étoffe sensorielle. La boucle est alors bouclée. Mais le point d'arrivée, en rejoignant le point de départ, l'a transformé : l'expérience heureuse du monde a une envergure et une qualité de conscience qui sont à l'origine d'une nouvelle démarche, celle de la parole. Toutefois, la parole, ici, ne s'oppose pas vraiment au songe ; elle en est plutôt un élément ou une forme.

« *L'instant fut* »

La joie se mit à crier, jeune accouchée à l'odeur sauvagine sous les joncs. Le printemps délivré fut si beau qu'il nous prit le cœur avec une seule main

Les trois coups de la création du monde sonnèrent à nos oreilles, rendus pareils aux battements de notre sang

En un seul éblouissement l'instant fut. Son éclair nous passa sur la face et nous reçûmes mission du feu et de la brûlure.

Je tiens ces trois versets pour la séquence centrale et médiatrice de tout poème. Nettement accentuée par la ponctuation au milieu des neuvième et onzième versets ainsi qu'en finale de ce dernier, la séquence est marquée par une riche conjonction des divers niveaux d'expression : rythme, sonorité, images, parallélisme des mouvements, redondance du signifié.

C'est une séquence entière qui se trouve ici démarquée par le jeu de la ponctuation ; ailleurs, c'est plutôt un vers ou deux. En fait, on peut considérer comme un trait d'écriture persistant et révélateur, quoique peu significatif en soi, cette ponctuation forte qui, rompant avec le procédé habituel d'un poème, apparaît en position inattendue. Le système de la ponctuation, dans la poésie d'Anne Hébert, correspond davantage à une intention poétique qu'à des exigences logiques, et sa rupture a fonction de signal. J'en relève plusieurs exemples dans le recueil précédent, dont le mieux réussi me paraît le vers, déjà cité, du *Tombeau des rois* :

L'immobile désir des gisants me tire.

Anne Hébert elle-même a souligné la densité sonore [28] de ce vers que définit tout le sens et le mouvement du poème. Dans *Éveil au seuil d'une fontaine,* c'est encore un seul vers, marqué d'un point, qui résume la situation explicative du poème :

La nuit a tout effacé mes anciennes traces.

(*T.R.*, 13)

et qui, placé au centre du poème comme un point d'articulation ou de rupture, y suscite une hésitation entre le caractère d'éveil purement émerveillé et l'interrogation lucide et angoissée des poèmes suivants. Dans *les Pêcheurs d'eau,* un point-virgule signale le vers clé, lui aussi explicatif :

Toute l'image renversée ;

(*T.R.*, 19)

Dans *Nuit,* c'est un vers résumé :

Je repose au fond de l'eau muette et glauque.

(*T.R.*, 24)

Dans *la Voix de l'oiseau,* le point à l'intérieur de la strophe en accentue la forme elliptique et la densité, condensant le thème du poème dans un seul substantif qui prend valeur de phrase et de vers :

Île noire
Sur soi enroulée.
Captivité.

(*T.R.*, 25)

C'est encore la ponctuation interne qui suscite une lecture particulière du dixième verset d'*Alchimie du jour* :

> *La voici qui délègue vers toi une fille de sel portant des paniers fins pour ses moissons claires. Elle soupèse en chemin le poids de tes pleurs cueillis à la pointe de l'ongle comme la rosée sur le jardin qui s'affale,*
>
> (*M.P.*, 81)

On reconnaît ici le sens explicite de l'action des servantes et ce refus de s'abandonner aux larmes qui sous-tend le premier mouvement du poème comme il justifie les exhortations et les explications dans *les Grandes Fontaines* (*T.R.*, 17-18).

Des exemples du même procédé de ponctuation se retrouvent dans *Je suis la terre et l'eau, Neige, Printemps sur la ville, la Sagesse m'a rompu les bras, la Ville tuée, Ève, Des dieux captifs,* marquant ainsi, d'un recueil à l'autre, la persistance de ce trait d'écriture qui signale chaque fois l'intention la plus explicite ou démarque l'orientation d'un temps du poème.

Malgré le maintien de la forme verbale du passé, la ponctuation signale, dans *Mystère de la parole,* une séquence distincte. En fait, elle manifeste la suspension du temps continu de la narration et pose l'événement à la pointe du mouvement d'ensemble du poème, comme à la crête d'une vague qui semble vouloir s'immobiliser lorsqu'elle a ramassé tout son élan dans sa forme accomplie.

La texture sonore de la séquence centrale en accentue encore le caractère de point culminant, non pas comme une nappe sonore qui s'étendrait à toute la séquence, mais bien de la façon habituelle chez Anne Hébert, par un jeu de reprises de sons, propre à chaque verset. C'est plutôt le rythme, nécessairement affecté par la présence d'une ponctuation forte, qui informe l'ensemble de la séquence. Le nombre de syllabes étant le même dans chacune des phrases du verset 9, la lecture est ensuite plus sensible au déséquilibre entre les parties des vers suivants. Il faut noter, cependant, que ce déséquilibre à l'intérieur des versets 10 et 11 est compensé par une disposition en chiasme :

18-12/11-23

Par ailleurs, si l'on tient compte de la forme syntaxique aussi bien que de la ponctuation, et il semble bien que ces deux aspects tendent ici à se renforcer mutuellement, on perçoit la cohésion rythmique des trois versets jusque dans la mesure syllabique, en particulier en fin de vers :

V. 9	7	14	9	12
V. 10		18	12	
V. 11		11	9	12

À l'intérieur de cet ample mouvement rythmique, chaque verset a sa résonance propre. Le neuvième, le plus long de la séquence, est marqué par le retour régulier de certains sons : les voyelles (a), (i), (é), de même que par la fréquence des consonnes (l) et (s) mais surtout (k) et (j). On remarque en particulier la rencontre sonore, quatre fois, du (r) et d'une consonne, ainsi que la concentration des (j) dans la première phrase avec les mots clés « joie », « jeune », « sauvagine » et « joncs ».

Au verset suivant, le verbe « sonnèrent » joue le rôle d'un relais sonore entre « monde » et « création » d'une part, et « oreilles » et « pareilles », d'autre part. On perçoit aussi une fonction semblable dans le participe « rendus », qui, bien sûr, souligne le mouvement, mais sert aussi à créer l'intervalle entre « oreilles » et « pareilles » tout en amorçant la série des nasales (an) qui se prolonge avec « battements » et « sang ».

L'ensemble du onzième verset est marqué par la fréquence des (s). Cependant, on remarque encore une fois la concentration d'une sonorité particulière dans la première phrase. Cette fois, il s'agit de la nasale (an), qui ponctue aussi la fin du vers précédent. On note également le retour de deux mots, « fut » et « feu », dont l'association sonore semblait peu heureuse dans le deuxième verset. Ici, au contraire, le (f) initial, revenant à intervalles réguliers, souligne une parenté significative entre « fut », « face » et « feu », d'autant plus que « fut », placé en fin de phrase, n'a pas la fonction d'un simple auxiliaire, comme au verset 2, mais bien la valeur d'un avènement absolu.

Des « noces » avec la terre naît la « joie » d'un « printemps » soudain, selon une personnification femelle qui la représente à la fois comme celle qui accouche et celle qui naît : ambivalence qui s'attachera aussi à la fonction de la parole. On peut concevoir que la personnification en début de vers s'est accomplie à partir de l'expression *crier de joie.* Quoi qu'il en soit, c'est de cet arrière-plan habituel que se détache ma lecture. Et je constate que la transformation du cliché substantive la joie, en fait le sujet de l'action plutôt que son mode. Dans l'expression connue, le paradigme est limité : on crie de joie ou de douleur ; ici, au contraire, la joie appartient à la très vaste catégorie de tous les sujets capables de crier. C'est aussi, par le fait même, le côté « objectif » de l'action et du sentiment qui se trouve mis en relief. On retrouve encore dans ce verset la représentation de l'odeur, caractérisée cette fois par « sauvagine » qui appelle à son tour la présence des « joncs ». Un peu de la même façon, la phrase suivante exploite encore le stéréotype de la naissance et de l'accouchement avec « fut si beau qu'il nous prit le cœur ». Mais l'enfant devient « le printemps délivré », et l'expression « nous prit le cœur » retrouve son sens littéral par l'adjonction du complément, « avec une seule main ».

Cette naissance est du même coup celle du sujet, du monde et du temps, dans leur totale conjonction et leur absolue nouveauté. Tout s'accomplit ici dans l'instantanéité du mouvement et du temps : « avec une seule main », « en un seul éblouissement ». Et les « trois coups » ne sont que l'annonce d'une « création du monde », selon le rythme de l'être lui-même.

Bien sûr, les « trois coups » suscitent l'image de cet instant toujours unique de la levée du rideau au théâtre, mais ils ne sont pas sans analogie avec une certaine façon de représenter la perfection dans l'œuvre d'Anne Hébert. Ainsi, dans la première *Ève* :

Seule une voix
Est déjà voix
Et s'élève toute formée
Avec seulement trois notes
Complètes et pleines

(*S.E.*, 76)

Et, dans *Nos mains au jardin* :

Un seul vol d'aile calme
Pour une seule note pure
Répétée trois fois.

(*T.R.*, 50)

Quant à la fin du verset, elle rappelle aussi un autre texte d'Anne Hébert, *le Torrent* :

> De toutes les sonorités terrestres, ma pauvre tête de sourd ne gardait que le tumulte de la cataracte *battant* mes tempes. *Mon sang coulait selon le rythme précipité de l'eau houleuse.* Lorsque je devenais à peu près calme, cela ne me faisait pas trop souffrir, cela se réduisait à un murmure lointain. Mais, les jours épouvantables où je *ressassais* ma révolte, je percevais le torrent si fort à l'intérieur de mon crâne, contre mon cerveau, que ma mère me frappant avec son trousseau de clefs ne m'avait pas fait mal [29].

Dans les deux textes s'établit une correspondance entre le monde extérieur et l'intériorité, représentée par le « sang ». Le contexte du *Torrent* manifeste cette correspondance comme une expérience douloureuse. Dans *Mystère de la parole,* elle est, au contraire, heureuse. Bien entendu, c'est aussi le contexte du poème qui assure cette valeur, mais je crois qu'il y a une différence notable dans la forme et dans les éléments de la correspondance.

Dans *le Torrent,* c'est l'eau, et plus précisément, « l'eau houleuse », « le tumulte de la cataracte » qui assaille et pénètre la surdité de François. Or, on connaît bien le caractère si souvent néfaste de l'eau dans l'œuvre d'Anne Hébert, et en particulier, son rôle symbolique dans *le Torrent*. Dans le poème, le monde est nommé comme tel, mais il prend valeur de nouveauté, de commencement, d'origine, avec l'image des « trois coups » annonçant « la création ». De plus, c'est le monde extérieur qui se transforme, qui modifie son rythme et se met au diapason de l'être, suscitant ainsi un accord heureux entre l'intérieur et l'extérieur, alors que dans *le Torrent,* le rapport entre les deux prend la forme d'une agression. Ce n'est qu'avec *Mystère de la Parole* que la réalité extérieure se manifeste par une action bénéfique et presque rédemptrice sur le sujet.

Avec l'image finale de la séquence, le poème est revenu en quelque sorte à son point de départ. En effet, on retrouve ici l'image du deuxième verset, mais amplifiée, dramatisée. Tout le côté négatif du deuxième verset est éliminé et remplacé par la première phrase du verset 11, qui donne à l'action le caractère d'une nouveauté absolue, d'une création instantanée. À la phrase suivante, l'instant premier devient « éclair » qui passe « sur la face », ce qui est une représentation autrement plus forte que « le feu nous fut remis » du deuxième verset, où il s'agissait surtout de marquer le contraste avec l'état antérieur. On remarque cependant que, dans les deux vers, l'image est doublée et que le terme le plus fort est posé le premier. On a ainsi « feu » puis « lumière » au verset 2, alors que le verset 11 passe de « éclair » à « feu », qui se dédouble à son tour en « brûlure ».

Le système de l'action, qui reprend le jeu des rapports énoncé au deuxième verset, demeure le même tout au long de la séquence. On se souvient qu'en son début, au verset 2 en particulier, le poème représentait comme deux actions parallèles l'Événement et la transformation du visage, c'est-à-dire, de l'être même du locuteur, le lien entre les deux étant assuré par le développement de l'image plutôt que par une nette consécution logique. Dans la séquence centrale, chaque verset est structuré selon le même schème : événement extérieur/transformation du sujet, ce dernier représenté métonymiquement par « le cœur » (v. 9), le « sang » (v. 10), « la face » (v. 11). Seul le verset 10 déroge partiellement à cette règle puisque la transformation y semble reportée du côté de l'événement extérieur.

Le premier cycle du poème est ainsi bouclé : l'investiture atteint son point culminant avec la création du monde et l'apparition de l'instant originel ; l'image du feu (verset 2) s'impose avec la plus grande force et « la passion du monde » se transforme en « mission du feu et de la brûlure ».

Le temps de la parole

Une renaissance

Le sujet, le monde et le temps recommencent. En ce début de séquence finale un verset récupère, à lui seul et au présent, toute la première partie du poème en un déferlement qui va s'élargissant depuis le silence et l'immobilité anonymes jusqu'à la communion intime entre le monde et le sujet, posés, rejoints et conjoints par l'action de la parole. Le verbe, enfin nommé : « la parole », se fait acte ; il reconstitue sa propre émergence et agit dans le temps et le mouvement même qui l'expriment :

> *Silence, ni ne bouge, ni ne dit, la parole se fonde, soulève notre cœur, saisit le monde en un seul geste d'orage, nous colle à son aurore comme l'écorce à son fruit.*

Le silence s'affirmant ici semble s'opposer à l'action de « crier » du verset 9 et aux « trois coups » du verset 10. En fait, il est de même nature : il marque le commencement, la naissance ; il est doué d'un pouvoir de germination [30]. Ce pouvoir, on le retrouve associé au silence ailleurs dans *Mystère de la Parole,* en particulier dans *Naissance du pain* :

> [...] *voici que s'allume dans la nuit primitive une pure veilleuse et que commence cette lente maturité de la croûte et de la mie, tandis que la Patience s'assoit sur la margelle du feu.*
>
> *Et nul n'a accès à son silence jusqu'au matin.*
>
> (*M.P.*, 78)

Cette valeur du silence remonte bien au-delà de *Mystère de la Parole* : elle est explicitée dans un texte en prose sur *l'Annonce faite à Marie* en 1945 :

> Le silence s'empare de Violaine, le silence qui se trouve entre l'acte II et l'acte III. Dans ce silence et cette nuit s'accomplissent l'œuvre et le *miracle*... Du cheminement vers la lumière que savons-nous ? Il y a des anéantissements et des *germinations* si profondes que le silence seul en évoque le mystère [31].

La même idée se trouve exprimée dans une nouvelle de 1963, *la Mort de Stella* :

> Poussée à de certaines limites, la vie se passe derrière la porte du silence. L'aventure trop forte nous saisit, nous submerge, nous transforme, s'accomplit si intimement, si totalement en nous, qu'elle se met à exister à notre place, nous dispensant de toute parole, de toute plainte [32].

Toutefois, dans ce dernier texte, le pouvoir de germination qui, ailleurs, caractérise le silence, semble anéanti : le silence s'oppose explicitement à la parole. L'action de « l'aventure » semble ici parallèle à celle de la parole dans *Mystère de la Parole.* Pourtant son orientation est tout autre : « l'aventure » « saisit » le sujet, la parole « saisit le monde » ; « l'aventure » « nous submerge », la parole « soulève notre cœur »; « l'aventure [...] nous transforme, [...] se met à exister à notre place », la parole décuple l'existence et l'ouvre au monde ; « l'aventure » débouche sur le silence, la parole sourd du silence. C'est que, dans l'œuvre d'Anne Hébert, et l'on s'en rend bien compte ici, le silence est polyvalent.

Ainsi le poème *Nuit* semble suivre un parcours analogue à celui du passage de *la Mort de Stella,* puisqu'il aboutit au silence. Mais il n'en est rien. La signification du silence dans la nouvelle d'Anne Hébert demeure somme toute assez banale, manifestant simplement l'incapacité de la parole par rapport à certains aspects de la vie. Le poème, par contre, va du silence au silence: partant d'une situation de fait, il atteint au statut métaphysique du silence par enfoncement en soi de l'être tout entier. Le silence ne marque plus un trop-plein, il est au contraire le vide absolu.

Dans *Poésie, solitude rompue,* la réflexion sur la poésie use des valeurs diverses du silence. La poésie s'y définit comme « parole dans la lumière », comme « une espèce de clarté nouvelle », et elle s'oppose moins au silence qu'à l'ombre et à la nuit. Mais tout ce domaine de l'ombre est bien celui du silence. Anne Hébert passe sans transition de l'un à l'autre, surtout au début et à la fin de son texte. Dès le deuxième paragraphe, elle affirme : « Et le poète lutte avec la terre muette et il apprend la résistance de son propre cœur tranquille de muet [...] » Un peu plus loin, elle donne une nouvelle image du combat du poète, cette fois en termes d'ombre et de lumière : « Il lutte avec l'ange dans la nuit. Il sait le prix du jour et de la lumière ». De même, en conclusion, elle lie silence et ombre, parole et lumière :

> [...] *ce visage obscur que nous avons, ce cœur silencieux qui est le nôtre, tous ces paysages d'avant l'homme, qui attendent d'être habités et possédés par nous, et cette parole confuse qui s'ébauche dans la nuit, tout cela appelle le jour et la lumière.*
>
> (*Poèmes*, p. 71)

Dans une telle réflexion sur la poésie, il est bien normal que soient privilégiées les valeurs d'origine de la parole, mais il est significatif que le silence et la nuit soient à peu près les seules représentations de ce temps originel. L'opposition entre silence et parole, bien que développée dans l'imagerie de l'ombre et de la lumière, n'est pas radicale : la parole naît du silence et de la nuit, le silence appelle la parole, la poésie « ne se rencontre que, face à face, dans le silence et la pauvreté originelle. » Il y a chez Anne Hébert une conjonction nécessaire entre le silence et la poésie, comme le manifeste la représentation de « l'arbre de la parole » dans *l'Envers du monde* :

Aucun arbre de parole n'y pousse ses racines silencieuses
Au cœur noir de la nuit.

(*T.R.*, 53)

C'est en ce sens que l'on percevra le silence aux douzième et quatorzième versets de *Mystère de la Parole,* quoique avec une forte accentuation des valeurs négatives en ce dernier cas, car le verbe qui en marque l'action est nettement péjoratif.

« Silence », dépouillé de toute détermination, posé en tête d'un vers remarquable par le nombre de verbes qui s'y juxtaposent, « silence », que prolongent les propositions négatives « ni ne bouge, ni ne dit, » marque d'abord un état opposé à la parole, à l'instar de « pays tranquille » en tête du premier verset. Mais « silence » marque aussi le point d'origine de la parole, l'attitude d'extrême tension, d'extrême attention, d'où naît la poésie. C'est comme l'action première d'où sont issues toutes les autres.

L'action se propage depuis le dépouillement originel jusqu'à la représentation la plus vaste, celle du monde et de la communion intime avec le monde. La force et la cohésion de cette représentation finale est d'ailleurs assurée par la parenté sonore des termes « cœur », « orage », « aurore » (qui, dans le redoublement du son [or], constitue le point culminant de la série) et « écorce », de même que par la consonne initiale de « cœur », « colle », « écorce » et par celle de « silence », « soulève », « saisit ».

Les modalités de l'action se révèlent, elles aussi, significatives. La spontanéité, l'instantanéité de l'action est encore ici affirmée avec l'expression « en un seul geste d'orage ». La position de ce dernier terme, déjà rencontré au verset 8, en confirme bien la valeur positive. Quant à la comparaison finale, elle est intéressante par plus d'un aspect. Non seulement elle s'inscrit dans le registre sonore du verset, mais elle prolonge aussi la série des éléments de la nature, qui marque tout le poème après avoir atteint son plus long développement au septième verset. D'autre part, la comparaison, en jouant sur l'analogie de rapport pour souligner l'intimité de la communion, situe le sujet dans une assez curieuse position. En effet, si l'on suit l'analogie de façon stricte, le sujet se trouve en position de « l'écorce » et « l'aurore » (élément du « monde » vraisemblablement attribué à « la parole ») en celle du fruit. Le sujet se trouverait donc à entourer, à contenir à la fois la parole et le monde : ce qui contredirait quelque peu les représentations du rapport entre le monde et le sujet que donne le poème depuis son début, mais non tout à fait celles que l'on a déjà rencontrées dans le recueil précédent.

C'est ce même rapport, ce même jeu de position réciproque entre le sujet, le monde et la parole que vient préciser ou impréciser le verset suivant :

> *Toute la terre vivace, la forêt à notre droite, la ville profonde à notre gauche, en plein centre du verbe, nous avançons à la pointe du monde.*

Le poème peut maintenant rétablir sa propre topographie, redistribuant en quelque sorte les points cardinaux dans un échange intime entre le sujet, le monde et la parole. Cet ordre cosmique, géographie nouvelle échappant en partie à la représentation dans l'espace géométrique, supplante l'ordre « moral » qui prévalait avant l'avènement du poème. En fait, c'est la position du sujet *dans* la parole qui lui permet de départager le monde : d'une part, à droite, « la terre vivace, la forêt », c'est-à-dire, le monde naturel, le monde de sensations vives dont la profusion et la force ont transformé le sujet ; d'autre part, à gauche, « la ville », caractérisée par la profondeur, terme aux connotations négatives tout au long de la poésie d'Anne Hébert, « la ville » dont *le Tombeau des Rois* disait les maléfices et dont on ne se libère qu'en la quittant, affirment des poèmes tels *Et le jour fut* et *la Ville tuée*. Mais le partage n'est possible que parce que l'on se situe maintenant dans le « verbe » et que celui-ci coïncide avec le « monde », à l'encontre des *Songes en équilibre,* où la parole se découvrait à l'écart du monde. En fait, il s'agit moins ici de départager des ordres de réalité que de les regrouper sous le signe de « la terre vivace », de la terre revivifiée avec la parole. Le « centre du verbe » et « la pointe du monde » ne sont plus ici qu'une seule et même position : le sujet ne se contente plus de recevoir le monde, il a pouvoir de le régir selon l'ordonnance même de la parole.

Une pentecôte

Le poème amplifie maintenant son rythme. L'élan vocatif des versets 14 et 15 se projette vers la finale et vers une pentecôte nouvelle, mais il se livre d'abord au mouvement de sa propre liberté énumérative :

> *Fronts bouclés où croupit le silence en toisons musquées, toutes grimaces, vieilles têtes, joues d'enfants, amours, rides, joies, deuils, créatures, langues de feu au solstice de la terre.*
>
> *Ô mes frères les plus noirs, toutes fêtes gravées en secret ; poitrines humaines, calebasses musiciennes où s'exaspèrent des voix captives.*

Toute énumération est, d'un certain point de vue, fascinante. Par elle-même, elle n'a pas de limites ; elle renvoie à l'infini du langage, aux infinies possibilités de la langue à l'état de lexique. Pourquoi l'énumération s'arrêterait-elle, puisque aucun mécanisme interne ne vient freiner son expansion ? Pourquoi commencerait-elle avec tel terme plutôt qu'avec tel autre, puisque tous les mots y ont valeur égale, c'est-à-dire absolue ? Forme ouverte et non hiérarchique, l'énumération s'oppose à la phrase, forme close, hiérarchisante, hiératique même [33]. La phrase appelle une fin : « il faut finir ses phrases » ; son équilibre attend le dernier mot et le point qui (pour les linguistes) la définit. L'énumération ne s'arrête que par accident, par l'intervention d'une volonté. Si le premier mot en paraît souvent involontaire ou « donné », son arrêt, au contraire, révèle un choix.

En poésie, l'énumération atteste l'autonomie des mots au détriment de la structure logique et syntaxique. N'est-ce pas la justification première de la forme énumérative qu'adoptent tant de poèmes aujourd'hui ? Le langage, réduit à ses éléments premiers, s'y exerce avec un minimum de moyens. Les mots, libérés de la fonction syntaxique, récupèrent leur autonomie. L'un après l'autre, s'appelant les uns les autres, ils occupent l'espace du texte en un mouvement de prolifération qui manifeste le pouvoir premier de l'écriture : nommer pour posséder le monde et soi-même, mais aussi et tout autant, nommer pour le plaisir de nommer. Écrire n'est plus une construction mais une juxtaposition primitive où les moyens poétiques élémentaires reprennent place et valeur.

Dans *Mystère de la parole,* l'énumération devient en quelque sorte la forme même du sens. C'est elle qui prend à son compte la profusion du monde sensible puis le pouvoir d'irradiation de la parole et enfin l'élan final du poème. Pourtant, l'énumération ne jouit que d'une autonomie momentanée dans le poème d'Anne Hébert. Elle s'inscrit dans les limites d'un verset ou marque une progression [34]. Lorsqu'elle déborde les limites du verset, elle demeure soumise à la forme syntaxique. L'énumération demeure ici bien loin de la taxinomie de Borges, à laquelle Michel Foucault reconnaît un tel pouvoir d'ébranlement qu'il y situe le « lieu de naissance » de tout son livre [35]. Néanmoins, elle contraste ici avec l'inventaire pratiqué dans *le Tombeau des Rois.* On pourrait même soutenir que la différence de tonalité entre les deux recueils est précisément celle qui existe entre ces deux formes.

Qu'on se reporte d'abord au poème *Inventaire.* Il n'est pas sans signification que l'image initiale, le *locus du poème,* suggère une salle d'opération (« dans un réduit/très clair et nu [36] » et que l'acte posé ait un caractère chirurgical : tout le poème affecte un détachement manifestement clinique.

Deux fois les deux points y précèdent une série de substantifs. La deuxième strophe du poème explicite, en figeant chacun des éléments qui la composent, l'action énoncée à la fin de la strophe précédente :

On a ouvert son cœur
En toute pitié :

Fruit crevé
Fraîche entaille
Lame vive et ciselée
Fin couteau pour suicidés.

(*T.R.*, 29)

Il s'agit presque d'une série d'appositions explicatives. L'inventaire lui-même se trouve quelques strophes plus loin :

Des deux mains plongées
Nous avons tout saisi
Tout sorti :
Livres chiffons cigarettes
Colliers de verre
Beau désordre
Lit défait
Et vous chevelure abandonnée.

(*T.R.*, 29-30)

La strophe suivante prolonge la série, mais en même temps elle joue à peu près le rôle d'un ablatif absolu par rapport à l'avant-dernière strophe, alors que la dernière, faite d'une seule phrase nominale, semble renouer avec l'inventaire, même si « Son propre visage rongé » n'appartient pas à la même catégorie d'objets sortis du cœur.

Les deux séries de substantifs remplissent une même fonction dans le poème : par-delà les deux points, ils explicitent un énoncé global dans lequel ils sont déjà contenus. Dans les deux cas l'effet est le même : chaque objet est détaché, figé en soi, mais la mise en série permet des équivalences significatives entre les éléments qui la composent, les sentiments devenant des objets au même titre que « chiffons » ou « cigarettes », comme la « lame vive et ciselée » du scalpel devient un « fin couteau pour suicidés » ou le cœur, un « fruit crevé ».

Si l'on revient maintenant à la finale de *Mystère de la parole,* on constate que la série de substantifs y prend un tout autre sens. Les énumérations, aussi bien au septième verset qu'en finale du poème, ne servent pas à l'explication. Au contraire du poème *Inventaire* qui place les séries de substantifs après un terme global, *Mystère de la parole* leur assigne la position de vocatifs (ou son équivalent) qui précèdent un terme englobant : « tout notre avoir » (v. 7), « vous » (v. 16). De plus, les termes de l'énumération valent moins par eux-mêmes que par leur apport à un *éthos.* Aucun mot ne se détache de l'ensemble : il doit d'abord s'accorder avec ceux qui l'entourent ou se faire porteur de connotations qui participent à une tonalité particulière. D'où, par exemple, la répétition lyrique de « créatures » au quatorzième verset. Le terme englobant tire alors tout son sens de l'énumération ou, plus précisément, de l'ensemble des connotations qui le précèdent, à l'encontre de l'inventaire qui semble accumuler des objets précis dans le cadre d'une signification établie par un premier terme. Mais l'énumération, dans la poésie d'Anne Hébert, oriente ses connotations de façon très nette : elle demeure soumise à une forme syntaxique qui, ultimement, la prend en charge ; elle est elle-même régie par une structure qui établit son équilibre et ses limites.

Dans l'énumération du septième verset, le modèle rythmique, le jeu d'allitérations et d'assonances, ainsi que l'appartenance à un même champ sémantique lient étroitement les termes entre eux. Aux versets quatorze et quinze, c'est la construction d'ensemble, le mouvement rythmique et le thème de l'humanité silencieuse qui établissent l'unité de la série substantive par-delà la rupture métrique. L'énumération s'y trouve contenue entre deux groupes syntaxiques parallèles qui l'encadrent en renforçant la cohésion et la fermeture du champ sémantique. En effet, « fronts bouclés » et « poitrines humaines » [37], métonymies de la personne, sont toutes deux suivies de propositions relatives avec « où », représentant l'occlusion de la parole : « où croupit le silence », « où s'exaspèrent des voix captives ». L'encadrement est renforcé de l'intérieur par les expressions parallèles « toutes grimaces » et « toutes fêtes gravées en secret », exprimant, elles aussi, l'empêchement de la parole. Les autres éléments de l'énumération s'accumulent par paires opposées : « vieilles têtes »/« joues d'enfants », « amours »/« rides », « joies » /« deuils », jusqu'à la répétition lyrique de « créatures ». Ce terme répété se trouve être, lui aussi, englobant par rapport à l'ensemble de l'énumération. Mais encore une fois un moyen poétique (ici, la répétition) intervient pour déplacer l'accent d'une signification générale vers une valeur (ici, la fonction d'un point d'orgue) qui se résorbe dans l'énumération et la renforce. Le caractère vocatif et lyrique de l'énumération est accentué par le « Ô » exclamatif qui sert de point d'appui au quinzième verset. « Ô mes frères les plus noirs », qui semblerait arrêter et résumer la série, n'est en fait qu'un point d'appui et de départ pour un nouveau prolongement. En même temps que le superlatif ajoute au caractère lyrique de l'ensemble, la couleur « noire », reprise par ailleurs au verset suivant avec « cœur ténébreux », rétablit la conjonction entre l'ombre et le silence, si abondamment développée dans *Poésie, solitude rompue*. Par contre, cette expression semble s'opposer à celle qui clôt le verset précédent : « langues de feu au solstice de la terre ». Pourtant, à cause de son insertion dans une série au sens constamment orienté et encadré, l'image est moins celle d'une pentecôte accomplie que d'un pouvoir de la parole ou, plus exactement encore, d'un appel à la parole [38] qui recevra réponse et accomplissement au dernier verset :

> *Que celui qui a reçu fonction de la parole vous prenne en charge comme un cœur ténébreux de surcroît, et n'ait de cesse que soient justifiés les vivants et les morts en un seul chant parmi l'aube et les herbes.*

Le verset final, où s'épanouissent enfin pleinement l'équilibre et la symétrie recherchés, préparés, pressentis, approchés tout au long du poème, le verset final est aussi celui qui réunit et rétablit dans un ordre nouveau les éléments clés de tout le poème. Comme le montre bien l'élan vocatif des deux versets précédents trouvant ici leur résolution, c'est le mouvement, l'orientation même de tout le poème qui trouve à s'accomplir dans l'équilibre final.

« Que celui qui a reçu fonction de la parole vous prenne en charge ». Le ton a changé. Le poème transforme un énoncé de fait, « nous avons reçu la passion du monde », en énoncé moral. Quelque part dans le cours du poème, une transition s'est opérée : l'anecdotique est devenu exhortation, obligation. En fait, ce passage à l'ordre du devoir n'est-il pas inscrit dans le poème depuis le début, depuis la première représentation, celle de l'investiture chevaleresque ? Mais ce passage à l'ordre du devoir n'est-il justifié que par cette seule représentation du début, oubliée semblait-il, dans le jeu de reprises et d'enchaînements du poème ?

Le sujet lui-même prend figure nouvelle. Désigné ou plutôt se désignant depuis le début du poème par le seul pronom « nous », qui confond sujet de l'énonciation et sujet de l'énoncé ; se représentant tout au long du poème par métonymie corporelle : « mains », « cœur » (trois fois), « traits » « flancs », « oreilles », « face » [39], le locuteur, en ce seizième verset, se dissocie de sa propre représentation. La forme pronominale de la troisième personne que constitue le démonstratif déterminé par une proposition relative accentue le passage de l'anecdotique à l'exhortation en même temps que le caractère beaucoup plus général de celle-ci. Toutefois, la dissociation du locuteur et du sujet de l'énoncé n'est que partielle : celui (ou celle) qui parle se désigne comme « celui qui a reçu fonction de la parole » et donc à l'opposé du silence qui caractérise les éléments de l'énumération, compris ici dans le seul pronom « vous ». Pourtant, l'effet n'en est pas moins réel. La parole actuelle se trouve en partie et d'une façon quelque peu paradoxale éclipsée au profit d'une parole future qui mettrait en œuvre le vœu final, car il apparaît que la prise en charge des êtres silencieux se fera au moyen de la parole, signe essentiel de la différence entre le locuteur et ses « frères les plus noirs ».

L'acte de la prise en charge, qui est aussi donné comme une justification, devrait s'accomplir selon les mêmes modalités que l'Événement du poème, événement par lequel le locuteur lui-même accède à la parole. La comparaison qui explicite le mode de la prise en charge reprend le terme « cœur », déjà apparu trois fois dans le poème comme une représentation privilégiée du locuteur recevant l'Événement, en particulier dans les expressions « nous prit le cœur » et « soulève notre cœur ». L'épithète « ténébreux » se rattache à « noirs » du verset précédent, prolongeant ainsi l'équivalence de l'ombre et du silence, à quoi s'opposent, en fin de verset, « l'aube » et le « chant »[40]. La réunion des contraires, « les vivants et les morts », renvoie à l'énumération des versets 14 et 15, et plus précisément, à la juxtaposition des termes opposés comme « joies » et « deuils », mais elle correspond encore plus exactement à l'énoncé du cinquième verset : « La vie et la mort en nous reçurent droit d'asile. » Le complément de manière, « en un seul chant », s'ajoute à la série des expressions qui, depuis le début de la séquence centrale, marquent l'instantanéité de l'action : « avec une seule main », « en un seul éblouissement, » « en un seul geste ». Quant au complément de lieu, il rappelle « l'instant » premier du onzième verset aussi bien que l' « aurore » du douzième, « les joncs » du neuvième verset et la profusion sensorielle, en particulier « herbes bleues », du septième verset.

Dans la finale se trouvent donc réunis en un vaste équilibre les éléments épars de tout le poème, mais selon une perspective nouvelle que souligne le passage de la première à la troisième personne et de l'indicatif au subjonctif. Dans l'accord qu'il annonce entre le poète et la collectivité, entre le monde et la parole, le dernier verset appelle à la fois un prolongement et un recommencement du poème.

Des dieux captifs, le dernier poème du recueil, suit un cheminement analogue. Le pronom de la narration y est le « nous », mais au verset final, la désignation se fait impersonnelle avec l'expression « l'honneur du poète ». Encore ici, « celui qui a reçu fonction de la parole » se trouve en face d'un devoir ou d'une possibilité. Le premier poème et le dernier se rejoignent dans une même attitude finale.

chapitre 4 Le mystère de la parole

À la lumière de ma lecture aussi bien qu'à celle d'une relecture à laquelle me convie et me convoque le verset final, je puis maintenant revenir au titre du poème. Dès la première phrase de *Poésie, solitude rompue,* Anne Hébert semble en préciser le sens : « La poésie est une expérience profonde et mystérieuse qu'on tente en vain d'expliquer, de situer et de saisir dans sa source et son cheminement intérieur ». « Mystère » désignerait donc « ce qui est inaccessible à la raison » (dictionnaire *Robert*) ou ce qui est difficile (ou impossible) à expliquer.

Toutefois, et malgré l'affirmation du texte liminaire, il ne faut pas trop se hâter de figer le sens du titre (celui du recueil aussi bien que celui du poème) dans l'annonce d'une parole secrète, mystérieuse. Je ne nie pas qu'au plan théorique Anne Hébert rattache à la poésie une valeur de mystère. Cependant, même à ce niveau, je remarque bien que l'inexplicable est davantage lié à l'origine de la poésie qu'à son sens ou à son symbolisme. En outre, si je tiens compte du réseau du texte, du mouvement et du mode d'articulation de l'ensemble du poème lui-même plutôt que de la réflexion théorique d'Anne Hébert, je crois comprendre que le titre, *Mystère de la parole,* signale une représentation de la parole plus qu'il ne fait allusion à un ésotérisme ou un occultisme de la parole. « Mystère », me semble-t-il, renvoie au genre théâtral qui, au Moyen-Âge, pratique la mise en scène de sujets religieux. La parole est ici le sujet d'un drame sacré, d'un miracle.

Je crois donc pouvoir désigner d'abord dans le langage de la théologie de la Rédemption [41] les trois principaux temps, selon lesquels se déroule le mouvement du poème, puisque c'est peut-être ce langage qui correspond le plus exactement à la forme de représentation qui en régit l'ensemble. Empruntant d'abord le titre d'un autre poème du recueil (*M.P.*, 98), poème à tonalité fort différente mais très révélateur en ses images et son cheminement, je dirais que la première séquence de *Mystère de la parole* est une *Annonciation,* que la séquence centrale ne saurait être mieux désignée que comme une *Nativité* et que la finale du poème annonce une *Pentecôte.*

On comprendra mieux l'importance du rapport aux étapes de la Rédemption dans ce poème si l'on se rappelle que tout au long du *Tombeau des Rois,* la fatalité du monde fermé pèse sur la vie à la façon d'une faute originelle, antérieure à toute culpabilité personnelle. D'ailleurs, Anne Hébert insiste sur l'antériorité de l'état perçu. Ainsi dans *Vie de château* :

> *C'était un château d'ancêtres*
>
> (*T.R.*, 54)

Témoins aussi les nombreuses interrogations déjà signalées dans *le Tombeau des Rois* ou encore le début du *Torrent* : « Par une volonté antérieure à la mienne, je devais renoncer à toute possession en cette vie ». Dans *Mystère de la Parole,* l'acte, l'Événement, s'oppose à un passé, à un état antérieur qu'on peut identifier comme le temps habituel de *Tombeau des Rois.* Mais par-delà ces représentations négatives du passé, on pourrait y reconnaître les traces d'un temps mythique, original, premier, que le poème, parfois, tente de rejoindre. Ainsi, dans *Et le jour fut,* le jardin, conçu au futur, a toutes les caractéristiques du jardin premier :

> *Le jardin sera très grand, sous de hautes maîtrises d'eaux et de forêts, bien en terre, bien en souffle, et toutes feuilles lisibles dans le vent* [42].

Et d'ailleurs, la fin du poème annonce une « rentrée au monde » analogue à celle qui s'accomplit dans *Ève* (*M.P.*, 100-102).

Toutefois, mon intention n'est pas de soutenir une interprétation théologique de la poésie d'Anne Hébert. Si j'ai recours ici aux archétypes religieux, ce n'est que pour souligner la valeur de *représentation* du poème, qui, dans son déroulement, met en œuvre une révélation en quelque sorte sacramentelle de la parole. *Mystère de la parole* est un poème dont la mise en acte(s) s'accomplit dans la représentation de la poésie.

En une apparente volonté de paraphrase [43], Anne Hébert évoque dans *Poésie, solitude rompue* le « cheminement » de la poésie. D'abord, sous la forme d'un appel : appel « au fond du cœur » et appel « des choses et des êtres ». Puis, elle marque une étape qui pourrait correspondre à la séquence centrale du poème : « Le poème s'accomplit à ce point d'extrême tension de tout l'être créateur, habitant soudain la plénitude de l'instant, dans la joie d'être et de faire. » Enfin, on peut présumer que le titre même du texte liminaire, qui se retrouve dans la dernière phrase, rejoint la phrase terminale du poème : « Et moi, dit Anne Hébert, je crois à la vertu de la poésie, je crois au salut qui vient de toute parole juste, vécue et exprimée. Je crois à la solitude rompue comme du pain par la poésie. »

Mais par-delà toute explication et toute paraphrase, il y a une *figure* du texte. *Figure* du texte qui est unique. Comme chaque trait en moi ne répète pas les traits de ceux qui m'entourent ou m'ont précédé mais contribue à l'être unique autant qu'il est marqué, informé par lui. *Figure* du texte est *figure* de l'être. Le propre de la poésie n'est pas que d'inventer un langage dans le langage, mais de créer de l'être dans le langage, de créer un être unique qui soit du langage. C'est pourquoi il me faut revenir ici à une perception unificatrice du poème.

En son déferlement même, *Mystère de la parole* constitue une représentation et une mise en œuvre très particulières de la naissance *à* la poésie et *de* la poésie. On peut sans doute comprendre *Mystère de la parole* comme le récit d'une existence convertie aux pouvoirs de la poésie, mais il me semble qu'il faut d'abord y voir le sujet naissant à soi et à la parole en intime conjonction avec le poème s'accomplissant comme narration de l'événement mais aussi comme avènement actuel de la parole.

Pour renforcer sa mise en garde contre toute tentative d'explication, Anne Hébert affirme que la poésie « a partie liée avec la vie du poète et s'accomplit à même sa propre substance, comme sa chair et son sang [44] ». Mais la poésie peut se dire elle-même. Seul peut-être le poème peut se représenter dans son devenir propre. Bien plus, chaque séquence de *Mystère de la parole* donne un nom à ce qui s'accomplit, en vérité *se* donne une forme et un nom : « passion du monde », « mission du feu et de la brûlure », « fonction de la parole ».

La parole n'apparaît comme telle que dans la dernière de ces trois expressions, de même qu'elle n'apparaît dans le poème qu'au début de la dernière séquence, reprenant alors à son compte tout ce qui a précédé son avènement. Après quoi, c'est la parole qui est source des actes, et presque chaque verset la pose à nouveau dans un rapport actif au monde et aux êtres.

Chacune des trois expressions qui désigne une phase du poème s'accompagne d'une répétition du verbe *recevoir,* où intervient un changement de la forme verbale et pronominale :

« nous avons reçu la passion du monde »
« nous reçûmes mission du feu et de la brûlure »
« celui qui a reçu fonction de la parole »

C'est tout le mouvement du poème que je retrouve en ces quelques mots étroitement liés entre eux mais prenant aussi leurs distances les uns par rapport aux autres. Chacune de ces expressions constitue le noyau d'une séquence, et leur réunion établirait le sens du poème. Mais à vrai dire, le poème ne parvient pas à fondre ces expressions en une seule ; tout au plus, il les superpose. C'est pourquoi les modifications de la série ne prennent tout leur sens que par rapport à l'ensemble du poème en même temps qu'elles en jalonnent le développement.

Depuis l'apposition métaphorique en fin du premier verset jusqu'à la reprise de l'Événement dans l'actualité de la parole au douzième verset, le poème pose en parallèle une double représentation du sujet : dans la première, le sujet est le destinataire d'un don ; dans la seconde, il est marqué, transformé, modelé. Dans la deuxième séquence, le don prend un caractère intransitif, absolu : il devient naissance. Mais le second temps de chaque verset continue de représenter le sujet comme atteint, marqué par une action.

Le rapport entre les deux séries parallèles n'est jamais explicite. Au contraire, il est constamment tamisé, obnubilé. Nous sommes ici dans un monde d'où la causalité réelle semble absente : une action s'exerce ; on constate un état du sujet. Nous sommes dans l'ordre de la consécution pure. Le poème — et la remarque, me semble-t-il, vaut pour l'ensemble de la poésie d'Anne Hébert — maintient comme à dessein une distance, un écran entre l'action qui se produit et l'état du sujet. Le lien de l'une à l'autre n'est manifesté que de la façon la plus neutre, par simple juxtaposition, au moyen d'une virgule ou d'un point, ou encore par la conjonction « et ». C'est ici l'espace du mystère, de « l'expérience profonde et mystérieuse qu'on tente en vain d'expliquer, de situer et de saisir dans sa source et son cheminement intérieur. » Ce n'est qu'avec l'apparition de la parole qu'une action véritable du sujet répond à celle qui s'est exercée sur lui. Encore faut-il noter que dans sa première manifestation, la parole agit sur le sujet exactement de la même façon que l'Événement.

On comprend alors l'importance du renversement à la faveur duquel le poème, dans le dernier verset, passe de la première à la troisième personne. Ce changement n'indique pas une étrangeté à l'égard de soi, comme cela se produit en certains poèmes à la troisième ou même à la deuxième personne dans le *Tombeau des Rois ;* il consacre ici une libération, une transformation, une sortie de soi. En se créant, la poésie crée un être neuf, « le poète », qui se tourne résolument vers le monde et vers ceux qui l'habitent. Et c'est la séquence centrale, axée sur la représentation de la naissance, qui, tout en portant à son point culminant le premier mouvement du poème, semble assurer le passage du passif à l'actif.

chapitre 5 — Le miracle de la parole

Si, à présent, j'examine d'un peu plus près la fonction de ce que j'ai désigné jusqu'ici comme la séquence centrale, force m'est bien de reconnaître qu'elle demeure plutôt limitée. Les neuvième, dixième et onzième versets présentent bien les caractéristiques que j'ai déjà notées, et de ce point de vue, ils se signalent avec force comme séquence centrale. Par contre, ils ne forment plus une unité nettement distincte par le sens, le vocabulaire ou la structure, pas plus qu'ils ne constituent une véritable articulation médiatrice permettant le retour du poème sur soi ou d'une partie sur une autre.

Fondamentalement, le poème se développe en deux mouvements, dont le premier est coextensible avec la forme verbale du passé, qui, coïncidant avec la représentation de l'Événement, constitue le temps de la narration. Malgré l'inclusion d'une partie à fonction explicative (v. 3 et 4), l'écriture de ce premier temps se caractérise par la redondance lyrique d'un même signifié, soit l'Événement accompagné d'une transformation du sujet, qu'on pourrait schématiser de la façon suivante :

$$E \rightarrow S.\ T^{s}$$

C'est-à-dire, en langage moins algébrique, l'Événement atteint le sujet, et le sujet est transformé. Il faut noter que la même structure prévaut dans la séquence centrale, même si l'Événement y acquiert une forme quelque peu différente. Or, le sens de cette structure mérite, me semble-t-il, un examen plus attentif.

L'Événement se résume, comme on l'a déjà signalé, dans les expressions clés, « passion du monde », « mission du feu et de la brûlure » et « fonction de la parole », qui en établissent à la fois l'orientation et le contenu. Les représentations intermédiaires développent les valeurs du feu et de la lumière mais, surtout, celles de la présence sensorielle du monde. Quant à la parole, elle n'apparaît qu'au second mouvement du poème.

Par ailleurs, une part importante de la signification réside dans le verbe, chaque fois le même, qui soutient les expressions clés. Il s'agit, en effet, du verbe recevoir, qui connote une attitude de passivité de la part du sujet. Et la même attitude se retrouve tout au long du premier mouvement. Nulle part on ne rencontre un verbe qui manifesterait une véritable activité du sujet.

L'Événement semble provenir d'un ordre autonome par rapport au sujet, dont toute l'activité se réduit à le recevoir, à le subir. Par quels moyens advient-il ? Qu'est-ce qui le produit ? Quelle que soit la réponse à ces questions, il semble que le sujet n'y ait aucune part. Pas même sous forme d'interrogations (pourtant si fréquentes dans le recueil précédent). On est ici dans l'ordre du don le plus absolu. Or on sait, par l'orientation du poème, que cette représentation est liée au don de la poésie.

Si l'on se reporte à d'autres expressions d'Anne Hébert pour représenter la poésie, on y reconnaît le même caractère de passivité chez le sujet. Dans *Poésie, solitude rompue,* dès le début, la poésie a vie autonome. Toute l'activité est de son côté et, au début du deuxième paragraphe, du côté des choses. L'activité du poète n'intervient que par après. De même, dans *Des dieux captifs,* la décision, le désir et la démarche qui jalonnent le poème sont beaucoup plus une forme de retour qu'une accession première à la poésie. Le début du poème suppose la vision poétique déjà obtenue :

Des dieux captifs ayant mis en doute le bien-fondé de nos visions

Nous prédisant la fin du monde depuis l'apogée des mûres saisons

(*M.P.*, 103)

Le résultat qui s'ensuit, renouant avec le deuxième vers grâce à la valeur homonymique de « mûres » (celles-ci s'opposent aux « murs » *du Tombeau des rois* ou à ceux de la fin d'*Alchimie du jour*) est de l'ordre de la reprise d'un état momentanément interrompu :

Un seul bouquet de mûres a suffi pour teindre la face des dieux, [...]
La vie est remise en marche, [...]
La terre se fonde à nouveau, [...]

(*M.P.*, 104-105)

Expliquant la différence entre le poème et le roman, Anne Hébert insiste sur le caractère « donné » du poème : « Le poème est quelque chose d'immédiat, qui nous est presque donné. Il faut le faire bien sûr, mais il nous est quand même donné, de manière fulgurante, très intense [45]. » On remarque ici une réduction du rôle du poète au profit de l'autonomie, de la gratuité de la poésie.

Il faut interpréter de la même façon, une expression qu'Anne Hébert utilisait dans un texte de 1967 : « Mais voici que le songe accède à la parole [46]. » Cette phrase qui pourrait résumer de façon assez exacte le premier mouvement de *Mystère de la parole* et qu'on aurait tendance à lire parfois sur le mode triomphaliste, cette phrase est marquée, elle aussi, du signe de la passivité, et ce, par sa structure même. J'y perçois une attitude de constatation plutôt que de mise en œuvre. L'auteur constate : « il advient que », plutôt qu'il n'affirme : « je fais advenir ». Tout se passe comme hors de portée du locuteur, dans ce monde à part où le songe — par quels moyens ? — se fait parole. Même si certains termes de cet énoncé semblent appeler un rapprochement avec des déclarations en apparence analogues, on demeure loin des manifestations du combat et de la dure lutte que soutiennent d'autres poètes pour accéder à la poésie ou pour instaurer une forme de la parole.

Il reste à explorer le sens de cette « parole », mais pour l'instant je ne puis que reconnaître le caractère miraculeux de son origine. Tout le premier mouvement du poème est évocation et représentation d'une action, soit d'une force supérieure et mystérieuse, soit du monde sensoriel sur le locuteur. Or « c'est un effet qui excède la force naturelle des moyens qu'on y emploie » (Pascal), car de ce premier mouvement naît « la parole », dont l'action sera, elle aussi, transformatrice et quasi miraculeuse.

Si, durant tout le premier mouvement du poème, le sujet est affecté d'une forme de passivité, le mouvement final annonce une récupération de l'activité, par l'intermédiaire de la parole, à l'égard de ces mêmes réalités qui auparavant ne pouvaient qu'être reçues. La parole, agissant « en un seul geste », « en un seul chant », reprend à son compte l'instantanéité qui caractérise la naissance dans la séquence centrale ; comme elle refait, au douzième verset, le parcours de l'action sur le sujet ; comme le sujet lui-même, au verset suivant, accède enfin à l'action. Le second mouvement se développe donc comme une reprise, comme un double du premier, mais en changeant les acteurs et les rôles : la parole, née, semble-t-il, de l'action du monde et de la transformation du locuteur, devient à son tour le « destinateur » d'une action dont le locuteur est encore le destinataire. Mais le locuteur, en assumant la parole, ne se représente plus qu'à distance et de façon indirecte pour devenir le « destinateur » d'une action dont le destinataire sera la silencieuse collectivité humaine.

Les deux mouvements du poème forment ainsi un parallèle. Le locuteur, par l'intermédiaire de la parole, agira sur la collectivité silencieuse et la transformera ; comme l'Événement, par l'intermédiaire de la réalité sensorielle, a agi sur le locuteur et l'a transformé. Cependant, il faut aussitôt souligner la différence du temps de l'action : si l'action de l'Événement est déjà accomplie, celle de la parole est à venir. Bien plus, le poème passe d'une situation de fait à une obligation morale : si, dans le premier mouvement, le locuteur contaste l'Événement et sa propre transformation, il s'impose, dans le second, de reprendre à son compte, mais au bénéfice d'autres sujets, un équivalent de ce même Événement. Une morale de la parole supplante « la » morale, l'ordre moral évoqué au début du poème.

Mais de quelle nature est la transformation annoncée ? Quelle est cette action projetée en finale du poème comme un devoir et une démarche à accomplir ? La réponse, esquissée dans le parallélisme des deux mouvements du poème, semble trouver son expression dans la richesse de l'équilibre rhétorique au verset final.

Le dernier verset récupère des éléments épars dans le poème et les insère en une conjonction harmonieuse qui préfigure un accord universel à travers la poésie. Mais pour préciser le sens de cette action, il faut revenir aux termes clés du verset, les expressions verbales « prenne en charge » et « n'ait de cesse que soient justifiés ».

La première de ces expressions dénote une forme de responsabilité morale, à laquelle la comparaison ajoute une valeur d'intimité, d'intériorité : le silence d'autrui devient silence du poète. La seconde expression comporte d'abord l'idée d'une démarche, d'une activité prolongée, qui surprend quelque peu dans le contexte passéiste (de la part du sujet) et instantanéiste (pour l'action du monde et de la parole) de l'ensemble du poème. Seul le treizième verset représente une action progressive en même temps qu'il dispose les éléments d'une façon analogue à celle de la proposition finale. On retrouve aussi l'expression « n'avoir de cesse » dans une phrase de *Poésie, solitude rompue* qui se rapproche de celle du poème : « n'ayant de cesse qu'il n'ait trouvé une voix juste et belle pour chanter les noces de l'homme avec la terre. » Le début de cette phrase, en établissant dans un même silence « la terre » et le « cœur » du poète, donne un contenu à cette activité : « Et le poète lutte avec la terre muette et il apprend la résistance de son propre cœur tranquille de muet ».

Il y a donc une efficacité de la parole et de la poésie, qui se traduit par la notion de justification en finale du poème et par celle de « salut » en finale de *Poésie, solitude rompue* : « Et moi, je crois à la vertu de la poésie, je crois au salut qui vient de toute parole juste, vécue et exprimée. » C'est la même foi qui se manifeste à la fin du poème intitulé *Noël,* où la série anaphorique des cinq derniers vers oppose à la noire histoire de l'humanité l'« activité » du poète :

Pour un seul mot qui s'écale comme une noix,
surgit l'éclat du Verbe en sa naissance [47].

Il faut souligner ici la double valeur du terme « Verbe ». Car le pouvoir du poète est tel qu'il recrée un langage neuf, chargé des valeurs originelles, et c'est le passage qui s'opère ici du « mot » au « Verbe ». Mais aussi, et c'est ici tout le contexte du poème qui l'atteste, il fait renaître le « Verbe », celui qui « s'est fait chair », d'où ce pouvoir de la poésie sur la réalité, sur les êtres, qu'elle « justifie ».

« Cette figuration concrète impose le sentiment qu'exprimer ou plutôt figurer, ce n'est point seulement évoquer, mais susciter, mais réaliser [48] ». Ce sens « réaliste » que Granet découvre dans l'écriture chinoise, je crois qu'on peut l'attribuer à la poésie telle que la conçoit Anne Hébert. Paraphrasant Claudel, elle pourrait dire : « Le monde devient ce que nous le nommons » [49] Et ce pouvoir est tel, qu'Anne Hébert éprouve le besoin de préciser que « L'artiste n'est pas le rival de Dieu. » Mais pour indiquer aussitôt qu'« il ne tente pas de refaire la création. Il demeure attentif à l'appel du don en lui [50] ». La poésie reprend ici à son compte, et en un sens peut-être plus fort encore, le pouvoir que la cosmogonie thomiste attribuait à la raison. Tel est l'autre aspect du miracle de la parole, acte sacramentel par quoi seront « justifiés les vivants et les morts en un seul chant parmi l'aube et les herbes ».

chapitre 6 Retour

Dans *le Tombeau des Rois,* pas une seule fois la poésie ne se représente vraiment à elle-même. Tout son rôle est en quelque sorte épuisé dans l'interrogation et la perception de l'intériorité se projetant dans un ordre spatial fermé. Avec *Mystère de la parole,* la poésie s'ouvre à l'épaisseur du monde, qu'elle assume et justifie en s'exprimant comme événement et comme pouvoir. En se dégageant de soi par l'intermédiaire de la poésie, le poète accepte, s'impose même, de donner voix et sens au monde et aux êtres.

Mais par quels moyens s'opère cette transformation ? Par quelles voies le poète et la poésie se renouvellent-ils à ce point ? Comment le poème apprend-il à se désigner et à se nommer comme pouvoir sur les êtres ? Par quel creuset le langage est-il passé ? Rien ne nous le révèle vraiment. Ou plutôt, semble-t-il, ce serait le sens de *Mystère de la parole* de fournir réponse à ces questions. Alors qu'en fait, ce poème se contente de représenter la transformation du poète comme un événement passé, et le pouvoir de la poésie sur les êtres comme un avènement à venir. Il manque au poème un présent actif.

Je dois donc nuancer quelque peu mon affirmation du début, où je disais que l'œuvre d'Anne Hébert peut avoir valeur exemplaire parce qu'elle manifeste une transition entre deux temps, deux formes de la poésie. En réalité, c'est moins la transition elle-même qui est mise en œuvre que son résultat. Le passage d'une forme de poésie à l'autre demeure tout aussi problématique que le passage d'une représentation indirecte de l'Événement à une morale de la parole. Et, en ce sens, il est révélateur que la séquence centrale de *Mystère de la parole* n'ait pas vraiment fonction médiatrice, mais qu'elle soit plutôt le point culminant d'un premier mouvement auquel succède un autre mouvement qui en constitue la reprise et le parallèle. Il est aussi significatif que la fin du poème annonce une nouvelle séquence — médiatrice celle-là ? — ou peut-être une reprise de l'Événement mais, cette fois, orientée vers autrui à partir de la parole. Pourtant, cette séquence ne se manifeste vraiment nulle part dans le recueil. Il faut donc revenir au premier poème et reconnaître que le sens en réside beaucoup plus dans l'expression elle-même que dans une fonction proprement créatrice et transformatrice. Ou peut-être suffit-il, en ce domaine, d'affirmer avec force le pouvoir de la parole pour qu'il existe en fait ?

Valéry a dit quelque part que « le poème est le développement d'une exclamation ». Et Octavio Paz, commentant cette affirmation, précisait : « Entre *développement* et *exclamation* s'instaure une tension contradictoire ; et j'ajouterais que cette tension *est* le poème [51]. » Quelle exclamation est à l'origine de *Mystère de la parole ?* Et surtout, quelle tension dresse l'un contre l'autre le *développement* et l'*exclamation ?* En d'autres termes, que met en jeu la poésie d'Anne Hébert à l'entrée de ce nouveau recueil ? Un monde ? Une forme d'existence ? Un mode de vie et de pensée ? Quelle secrète contradiction cherche sa résolution à travers la rencontre heureuse des mots ? Quels absolus irréconciliables — de ceux que la vie ne peut qu'entrevoir et qui seuls engagent l'écriture comme gageure totale — quels absolus la poésie d'Anne Hébert affronte-t-elle en leur insaisissable nudité ?

L'accord entre l'*exclamation* et le *développement* est trop assuré. L'*exclamation* trouve appui hors de la poésie ; elle est antérieure au poème et s'est dégagée de toute contradiction. Je ne retrouve plus dans *Mystère de la parole* l'étrange et douloureuse cohabitation d'une affectivité qui multiplie les liens et d'une déchirante lucidité qui, en son éveil, ne peut que chercher une issue en s'opposant à elle-même et au plus intime de l'être, coexistence qui fait que chaque mot du *Tombeau des Rois* vrille la conscience [52]. Ici, les contradictions sont obnubilées, les irréconciliables ne sont qu'effleurés : l'exclamation est devenue foi. De son propre avènement, le poème fait l'Événement narré, et de son devenir, une morale de la parole. Par sa structure même, le poème élimine toute possibilité de retour sur soi, si ce n'est pour s'alimenter à la certitude initiale. Je note par ailleurs une réduction progressive du rôle des valeurs personnelles dans la série des termes en position d'objet avec le verbe *recevoir* : « passion » → « mission » → « fonction ». Telle est peut-être l'une des significations du changement qui, à la fin du poème, s'opère dans la façon de représenter le locuteur. Quoi qu'il en soit, il me semble assez paradoxal qu'en se désignant et en se renouvelant la poésie tende à obnubiler sa problématique.

La poésie d'Anne Hébert s'est-elle désentravée à ses propres dépens ? Ou plutôt, l'auteur s'est-il libéré au détriment de la poésie ? On est en droit de se le demander et, peut-être, de le déplorer.

Depuis quelques années, on a souvent marqué une préférence pour les poèmes de *Mystère de la Parole*. Mais à quoi cela tient-il ? Plutôt que d'une reconnaissance des qualités proprement poétiques, je crois qu'il s'agit, du moins pour une part, d'un acquiescement idéologique. Car, en fin de compte, la rhétorique tient une place importante dans ce dernier recueil. De façon très habile certes, mais tout aussi significative. L'amplification du verset et du rythme, le déploiement de l'image, la représentation de l'avènement de la poésie peuvent être des moyens d'assurer le pouvoir de la parole plutôt que de l'assumer. Et la structure de *Mystère de la parole,* faisant sien le déroulement des Mystères, n'en tire-t-elle pas la même rassurance que la pensée se projetant dans le mythe ?

Ne s'est-on pas attaché davantage à une certaine réalité plutôt qu'à la poésie elle-même ? Ou s'agit-il simplement d'une coïncidence entre l'optimisme d'une idéologie dominante et celui de l'œuvre ? Par exemple, n'a-t-on pas accepté d'emblée le mot « parole » comme si l'on connaissait à l'avance sa signification et sa portée ?

Pourtant, Anne Hébert a entouré ce mot de toute une mise en scène. Et c'est précisément à la mise en scène, à la mise en œuvre que j'ai voulu revenir.

Mystère de la parole proclame une naissance de la parole et une pentecôte future. Mais l'œuvre poétique d'Anne Hébert ne commence pas avec ce poème. Son œuvre antérieure, authentique et vigoureuse, s'est inscrite dans le déchirement du monde intérieur. C'est à cette forme particulière du silence que s'oppose la parole actuelle : à une parole tournée vers l'intérieur succède une parole qui veut retentir sur les choses et les êtres. La poésie en est-elle plus vraie pour cela ?

Qu'Anne Hébert ait éprouvé le besoin de se libérer de l'univers du *Tombeau des rois,* il le semble bien. Que son œuvre poétique ait été menacée de silence et que les poèmes depuis *Naissance du pain* soient une façon d'échapper à cette tendance, c'est aussi probable. En ce sens, *Mystère de la Parole* est peut-être la réponse à un besoin personnel en même temps qu'un élément essentiel à la continuité de l'œuvre. Mais il faut reconnaître que cette réponse ne s'est pas constituée au moyen de la poésie, sinon en creux, dans la mesure où le *Tombeau des Rois* a mené à ses limites l'expérience d'une insurmontable contradiction. La solution, de l'ordre du choix, s'est effectuée hors de la poésie, et *Mystère de la parole* ne peut plus que l'exprimer, la manifester. Au plan de l'écriture, la différence est sensible.

On trouvera peut-être décevant qu'au terme d'une lecture du poème j'en vienne à poser de telles questions et de tels jugements. Je crois, au contraire, qu'il doit en être ainsi. Mais si je m'interroge sur le sens du poème, c'est d'abord pour le situer par rapport à l'ensemble de l'œuvre et, dans le cas actuel, afin de préserver l'intégrité de l'œuvre. Car *Mystère de la parole* n'est pas le terme ultime de l'œuvre, celui qui donnerait sens et forme à tout le reste, ce vers quoi tout le reste, consciemment ou inconsciemment, serait orienté. Malgré la force de l'expression et la maturité du langage, *Mystère de la Parole* m'apparaît plutôt, par rapport à l'ensemble de l'œuvre, par rapport à la continuité du sens de l'œuvre, dans une position analogue à celle des *Songes en équilibre* : il confirme une expérience plus qu'il ne l'accomplit comme écriture.

Mystère de la parole proclame la fin du songe comme exil. Un autre songe l'a remplacé, qui a pris figure de la parole et du monde. Déjà cette poésie sait qu'elle a partie liée avec le monde, que le monde et les hommes l'habitent. Il lui reste peut-être à affronter la dure tâche d'habiter, par le langage, au cœur du monde et des hommes :

> *La terre se fonde à nouveau, voici l'image habitable comme une ville et l'honneur du poète lui faisant face, sans aucune magie : dure passion.*
>
> (*M.P.*, 105)

notes

1. Roland Barthes, *S/Z*, Paris, Seuil, 1970, p. 19.

2. Pierre Emmanuel, Intervention à la Rencontre mondiale de poésie à Montréal en 1967, *in Le poète dans la société contemporaine, Études littéraires*, vol. I, nº 3, décembre 1968, p. 419.

3. Anne Hébert et Frank Scott, *Dialogue sur la traduction*, Montréal, H.M.H., 1970, p. 109.

4. Pour éviter d'avoir à préciser chaque fois s'il s'agit du recueil ou du poème, je désignerai, dans le texte, les recueils par deux majuscules dans le titre et les poèmes par une seule majuscule. Dans les renvois, j'utiliserai les sigles *M.P.* et *T.R.* pour les deux derniers recueils (la pagination étant celle de l'édition de 1960 parue au Seuil sous le titre *Poèmes*) et *S.E.* pour le premier recueil (Éd. de l'Arbre, 1942).

5. Il s'agit de : « Naissance du pain », *Esprit*, t. XXII, nº 11, nov. 1954, p. 570-571 ; « Alchimie du jour », *Esprit*, nº 252, juillet 1957, p. 75-77 ; « Survienne la rose des vents », « Je suis la terre et l'eau », « Neige », « Saison aveugle », *Mercure de France*, nº 333, mai 1958, p. 18-21.

6. Jeanne Lapointe, « *Mystère de la parole* par Anne Hébert », *Cité libre* XXe année, nº 36, avril 1961, p. 21.

7. Pourtant, certains poèmes avaient entrevu la sombre vérité qui s'est emparée du *Tombeau des rois*.

8. Comme en ce vers du *Tombeau des rois* :
« Et la main sèche qui cherche le cœur pour le rompre » (*T.R.*, 61).

9. Gilles Marcotte, *Une littérature qui se fait*, H.M.H., 1962, p. 68.

10. Sur le rapport entre les deux poèmes de Saint-Denys Garneau, voir Jean-Louis Major, « Saint-Denys Garneau et la poésie », *Études françaises*, vol. VIII, nº 2, mai 1972, p. 176-194.

11. Francis Ponge, *Le Parti pris des choses*, Gallimard, 1942, collection « Poésie », p. 46. Je ne cite que les deux premiers paragraphes d'un poème qui en compte quatre.

12. On pourrait aussi comparer ces poèmes à celui de Rina Lasnier (*Escales*, 1950), où Ève elle-même prend la parole pour évoquer la douleur de sa chute et, en finale du poème, invoquer sa rédemption :

Nulle femme après moi ne remontera de la peine
Du dam jusqu'au cœur intérieur de son amant,
Moi seule, écarlate comme une reine,
Intacte plus que la grappe relevée de la lie
Retrouverai la blessure amoureuse d'où je suis partie... (*Poèmes I,* Fides, 1972, p. 198).
Il y aurait par ailleurs de nombreux rapprochements à établir entre la poésie de Rina Lasnier et celle d'Anne Hébert.

13. Anne Hébert a elle-même souligné l'importance de la position des unités de sens et, en particulier, de l'inversion qui affecte ces vers. Voir *Dialogue sur la traduction,* p. 67.

14. *Dialogue sur la traduction,* p. 66-67.

15. Il faut prendre ici *impression* au sens d'une action du poème sur la lecture, orientant la perception et l'imaginaire du lecteur.

16. « Le temps verbal (en plus des informations sémantiques dont il est porteur) quand il est *maintenu* sur un espace étendu, confère au paragraphe une *unité,* de type grammatical, qui « simule » la cohésion de l'acte de communication, dans la mesure où sont ainsi réduites les possibilités de *fractures.* » (Jean Peytard, « Problèmes de l'écriture du verbal dans le roman contemporain », *in Linguistique et littérature,* p. 33-34, numéro spécial de *la Nouvelle Critique* qui reprend les textes du Colloque de Cluny, 16 et 17 avril 1968). On peut transposer cette remarque au domaine de la poésie en remplaçant « paragraphe » par « séquence » et en précisant que, si le temps verbal maintenu sur un certain espace établit une isotopie du texte, les variations de temps verbaux s'accomplissant sur une certaine étendue offrent des possibilités d'agencement au niveau de l'ensemble du texte.

17. J'utilise le terme « séquence » selon une signification analogue à celle qu'on lui donne dans le langage cinématographique. Une séquence désigne donc ici une suite de vers constituant un tout sous le rapport d'une action poétique déterminée.

18. Dans *les Lettres nouvelles,* numéro spécial *Écrivains du Canada,* décembre 1966-janvier 1967, p. 150.

19. Dubois *et alii, Rhétorique générale,* Larousse, 1970, p. 77. Sous le titre « Figures de construction par exubérance », Fontanier réunit l'apposition, le pléonasme et l'explétion. Il définit l'apposition comme « un complément purement explicatif et acidentel en un ou en plusieurs mots, ajouté sans conjonction ou sans conjonctif à un nom propre ou commun ou à un pronom personnel, et qui s'en détache par l'espèce de séparation que nous indiquons dans l'écriture par la virgule. » Pierre Fontanier, *Les Figures du discours,* Flammarion, « Science de l'homme », 1968, p. 296.

20. Pour l'étude d'un cas d'apposition en poésie, voir Jean-Louis Major, « Rina Lasnier et la connivence des signes », *Canadian Literature,* nº 55, hiver 1953, p. 41-49.

21. Pour une explication du couplage par position, voir Samuel R. Levin, *Linguistic Structures in Poetry,* La Haye, Mouton, 1964, p. 64.

22. Il ne semble pas, en effet, que le poème soit construit à partir d'une matrice sonore ni que certaines sonorités dominent l'une ou l'autre séquence de façon significative. *Mystère de la parole* demeure fidèle au procédé d'écriture qui limite à un vers ou à quelques-uns le jeu des renvois phoniques. Anne Hébert paraît attacher plus d'importance et de signification aux sonorités particulières de chaque mot ou de chaque vers, comme en témoigne son commentaire sur la traduction d'un vers du *Tombeau des rois* par Frank Scott (*Dialogue sur la traduction,* p. 71) ou encore ce passage de *Kamouraska* sur les noms de village, Rivière-Ouelle et Kamouraska : Étirer le plus possible les premières syllabes fermées de ri-vi-, les laisser s'ouvrir en è-re. Essayer en vain de retenir Ouelle, ce nom liquide qui s'enroule et fuit, se perd dans la mousse, pareil à une source. Bientôt les sonorités rocailleuses et vertes de Kamouraska vont s'entrechoquer, les unes contre les autres. » (*Kamouraska,* p. 206).
Dans l'ensemble de son œuvre poétique, Anne Hébert use d'une forme de discrète continuité sonore pour accentuer plutôt l'unité des vers. Cependant, on peut noter certains jeux de sonorités, tel l'homophonie entre « plafond d'or » et « Je dors », « à peine » et « peines », « vivre » et « vivres » dans *la Chambre de bois.*
J'emprunte ce dernier exemple à l'exposé de Monsieur Hubert Larocque (séminaire de doctorat, Université d'Ottawa, 1973). M. Larocque est aussi l'auteur d'un très utile index du vocabulaire de la poésie d'Anne Hébert.

23. Anne Hébert, *le Torrent,* H.M.H., 1964, p. 9-10.

24. Il y a ici incompatibilité entre songe et parfum, alors qu'au verset 8 de *Mystère de la parole,* le songe *double* « l'enchantement ».

25. À propos de ce vers, F. R. Scott a souligné comment l'expression déroge à la forme logique : « I could not see how you could speak of *sous le pas* since one goes *over* a step. » (*Dialogue sur la traduction,* p. 69). Pour ma part, je préfère cette faute à toute correction, parce qu'elle accentue l'écrasement de l'odeur et concorde très exactement avec l'intention du vers plutôt qu'avec le compte rendu d'une action.

26. « Et le jour fut », *les Lettres nouvelles, Écrivains du Canada,* décembre 1966-janvier 1967, p. 150.

27. Ce poème s'inscrit dans un mythe qui a toujours fasciné la littérature, celui de la traversée des enfers. On pourrait en retrouver de nombreux avatars en poésie moderne, où il peut prendre aussi bien la forme d'une plongée dans les profondeurs que celle d'un délire ou d'une exploration du souvenir. Chez Anne Hébert, la traversée des enfers maintient le caractère d'une démarche précise, d'un inventaire méticuleux.

28. « Il y a ici un jeu et un retour du son *i* : « *i*mmob*i*le dés*i*r des g*i*sants me t*i*re » et des sons *e* et *é,* ainsi que des consonnes liquides *l* et *r* ainsi que des consonnes continues : gi*s*ant, dé*s*ir. » (*Dialogue sur la traduction,* p. 71).
Le jeu phonique est ici indissociable du rayonnement des significations. Pour bien comprendre à quel point ce vers donne à la fois le *ton* très particulier du poème aussi bien que le caractère lucide et soumis de l'action, on peut le comparer à ces vers d'Alain Grandbois :
Les yeux droits je descends lentement dans la vallée des tombeaux
L'ombre de la nuit déjà m'envahit (*Poèmes,* p. 90).
Chez Grandbois, la démarche paraît beaucoup plus volontaire ; le lieu existe d'abord comme espace, et « la nuit », marquée par le passage du temps, provient d'abord de l'extérieur. Chez Grandbois l'être s'explore à travers le monde ; chez Anne Hébert le monde ne s'explore qu'à travers l'être intime.

29. Anne Hébert, *le Torrent,* H.M.H., 1964, p. 30 ; c'est moi qui souligne.

30. Dans son analyse du *Tombeau des rois,* M. Pierre Lemieux a souligné le pouvoir de germination du silence. Voir Pierre Lemieux, *du Songe à la parole, « le Tombeau des rois » d'Anne Hébert,* thèse de doctorat, Université d'Ottawa, p. 394.

31. Anne Hébert, « l'Annonce faite à Marie », *Revue dominicaine,* vol. II, janvier 1945, p. 6.

32. Anne Hébert, « la Mort de Stella », *in le Torrent,* H.M.H., 1963, p. 238.

33. « la Phrase est achevée ; elle est même précisément : ce langage-là qui est achevé. La pratique, en cela, diffère bien de la théorie. La théorie (Chomsky) dit que la phrase est en droit infinie (infiniment catalysable), mais la pratique oblige à toujours finir la phrase » (R. Barthes, *Plaisir du texte,* Seuil, 1973, p. 80).

34. L'énumération, au verset 12, perd une bonne part de ses moyens : elle n'est plus une simple juxtaposition. Elle ne s'oppose plus à la phrase : chacun des verbes est le noyau d'une phrase, et leur accumulation permet tout au plus de juxtaposer des propositions. De plus, les verbes, porteurs de la marque temporelle, constituent une succession.

35. Voir la préface de *les Mots et les choses,* Gallimard, 1966, en particulier p. 7-13. Le pouvoir d'ébranlement du texte de Borges est d'autant plus grand qu'il s'agit d'une taxinomie, c'est-à-dire, d'une classification scientifique, et non d'une simple énumération. Mais la signification de la taxinomie borgésienne est aussi celle de l'énumération. On pourrait dire que son pouvoir de subversion tient précisément à ce que Borges fait de la taxinomie une simple énumération, remettant ainsi en question tout le projet scientifique occidental.

36. On notera que le lieu, comme tant d'autres dans le *Tombeau des rois,* est marqué par l'exiguïté. En fait, il n'est qu'exiguïté. L'adjonction du superlatif « très clair » efface la connotation d'obscurité se rattachant à « réduit », pour ne maintenir que la valeur d'exiguïté, qui s'en trouve ainsi accrue.

37. « Bouclés » permet de faire entrer un attribut d'ordre olfactif, « toisons musquées », dans le champ sémantique *silence/parole,* qui se trouve ainsi rattaché aux représentations précédentes du poème, alors que « humaines » constitue le terme le plus général de la série, celui qui l'englobe en quelque sorte, puisque au seizième verset, la série n'est représentée que par un pronom. Par contre, le terme le plus large n'intervient que comme qualificatif d'un élément. De plus, il s'inscrit dans un couplage entre « poitrines humaines » et « calebasses musiciennes », où la construction parallèle, *substantif* + *épithète,* renforce les équivalences et rend même interchangeables les termes à sonorité finale identique, limitant ainsi la généralité de « humaines » à la seule valeur « musiciennes ».

38. Cet appel à la parole coïncide avec le pouvoir de la parole chez le locuteur : les « langues de feu » sont « au solstice de la terre »; le « verbe » est « à la pointe du monde » (v. 13). Ainsi se fonde le rapport intime entre les êtres et « celui qui a reçu fonction de la parole ».

39. Il est significatif qu'aucun de ces termes ne reçoive de déterminants autres que le possessif : le sujet se représente dépouillé, à l'état de pure réceptivité.

40. Les termes mêmes de la comparaison se retrouvent tous dans le premier paragraphe de *Poésie, solitude rompue* :
« Elle [la poésie] appelle au fond du cœur, pareille à une vie de surcroît réclamant son droit à la parole dans la lumière. Et l'aventure singulière qui commence dans les ténèbres, à ce point sacré de la vie qui presse et force le cœur, se nomme poésie » (*Poèmes,* 67).

41. On sait que les mystères du Moyen-Âge avaient pour sujet la Nativité, la Résurrection, la Passion du Christ puis des scènes de l'Ancien et du Nouveau Testament ou de la vie des saints et que les miracles s'inspiraient de la vie des saints ou de la légende dorée. Bien entendu, si je parle ici de miracle ou de mystère, c'est par analogie, pour mettre en

relief la valeur de représentation par opposition à celles d'occlusion et d'occultation de la parole, car le poème n'use ni de personnages véritables ni de dialogue et ne conserve qu'une forme décantée de l'anecdote.

42. « Et le jour fut », *les Lettres nouvelles,* p. 151.

43. *Apparente volonté de paraphrase,* car j'ignore la date de composition du poème. Mais en fait, je crois que la prose peut paraphraser le poème avant même qu'il ne soit écrit.

44. *Poésie, solitude rompue,* in *Poèmes,* p. 67.

45. « Kamouraska ou la fureur de vivre », interview de Gisèle Tremblay, *le Devoir,* 12 juin 1971, p. 13.

46. Anne Hébert, « Le Québec, cette aventure démesurée », *la Presse,* cahier *Un siècle,* 13 février 1967, p. 16.

47. « Noël », *in* Pierre Pagé, *Anne Hébert,* p. 164.

48. M. Granet, *la Pensée chinoise,* Paris, Albin Michel, 1968, p. 24.

49. La phrase de Claudel est : « Nous devenons ce que nous nommons ». (*Œuvres complètes,* t. XXI, p. 53.)

50. *Poésie, solitude rompue,* in *Poèmes,* p. 69.

51. Octavio Paz, *l'Arc et la Lyre,* Paris, Gallimard, p. 55.

52. On a parfois interprété *Kamouraska* comme si ce roman prolongeait directement *Mystère de la parole,* et encore, en prêtant aux poèmes une signification par trop simplifiée. C'est, me semble-t-il, à l'occasion d'une œuvre par ailleurs excellente, un nouvel exemple après tant d'autres des malentendus sur lesquels le succès prend appui. Quelques phrases et quelques images peuvent servir de pâture à l'idéologie, elles ne révèlent pas pour autant le sens d'une œuvre. Par sa structure, par son écriture même, *Kamouraska* revient à l'irréductible problématique du *Tombeau des rois,* où s'affrontent en un tourment sans issue la lucidité et l'affectivité, l'ordre auquel s'accroche tout l'être et le rêve qui en est à la fois la négation et la profonde vérité.

53. J'emprunte ici à la « Chronologie » préparée par Pierre Pagé et au *Dictionnaire pratique des écrivains québécois* que préparent MM. Hare, Hamel et Wyczynski.

repères biographiques[53]

1916 Le premier août, naissance d'Anne Hébert à Sainte-Catherine-de-Fossambault, dans le comté de Portneuf. Par la suite, naîtront deux frères, Jean et Pierre, et une sœur, Marie. Ses parents habitent Québec mais les étés se passent à Sainte-Catherine. Anne Hébert fréquentera le Collège Notre-Dame-de-Bellevue et le Collège Mérici.

1939 Premières publications dans des revues.

1942 Publication des *Songes en équilibre,* Prix David l'année suivante.

1943 Le 24 octobre, mort de son petit-cousin, Hector de Saint-Denys Garneau.

1950 Publication d'un recueil de nouvelles, *le Torrent.*

1950-1954 Collabore à des émissions radiophoniques de Radio-Canada.

1952 Le 27 juillet, mort de sa sœur Marie.

1953-1954 Scénariste et rédactrice de commentaires de films à l'Office national du film.

1954 Bourse de la Société royale du Canada. Séjourne à Paris et se consacre à peu près exclusivement à la carrière littéraire.

1958 Publication des *Chambres de bois* à Paris, Prix France-Canada, Prix Duvernay, Prix littéraire de la province de Québec.

1960 Le 11 avril, décès de son père, Maurice Hébert ; quelques jours plus tard, lancement de *Poèmes* à Paris ; en juin, elle est reçue à la Société royale du Canada.

1961 Prix du Gouverneur général 1960, section poésie ; Anne Hébert vit alternativement à Paris et à Montréal.

1963 Publication d'une pièce de théâtre, *le Temps sauvage,* nouvelle édition, augmentée, du *Torrent.*

1967 Prix Molson, attribué par le Conseil des arts du Canada.

1969 Doctorat *honoris causa* de l'Université de Toronto.

1970 Publication de *Kamouraska* et de *Dialogue sur la traduction* (déjà paru dans les *Écrits du Canada français* en 1960).

1971 Prix des libraires de France pour son roman *Kamouraska.*

1973 *Kamouraska,* film de Claude Jutra, d'après le roman *Kamouraska.*

éléments de bibliographie

Pour une bibliographie plus complète, on consultera l'ouvrage de Pierre Pagé, *Anne Hébert*, Montréal, Fides, « Écrivains canadiens d'aujourd'hui », 1965. Toutefois, les bibliographies vieillissent vite, et celle de M. Pagé date déjà de 10 ans. Heureusement, on en prépare une mise à jour, me dit-on.

Une étude comme celle-ci puise moins à la littérature critique qu'elle ne s'inspire d'une lecture du texte. Il me semble, cependant, qu'on doit en élargir le sens par d'autres lectures, et d'abord par celle de l'œuvre d'Anne Hébert.

A. Oeuvres d'Anne Hébert

Les songes en équilibre, Montréal, Les éd. de l'Arbre, 1942, 158 p.

Le Tombeau des rois, Québec, Institut littéraire de Québec, 1953, 77 p.

Les Chambres de bois, Paris, Seuil, 1958, 190 p.

Poèmes, Paris, Seuil, 1960, 110 p.

Le Torrent, Montréal, H.M.H., « l'Arbre », 1963, 249 p.

Le Temps sauvage, Montréal, H.M.H., 1967, 189 p.

Dialogue sur la traduction (avec Frank Scott ; présentation de Jeanne Lapointe), Montréal, H.M.H., 1970, 138 p.

Kamouraska, Paris, Seuil, 1970, 250 p.

Les enfants du sabbat, Paris, Seuil, 1975.

B. Chronologie des poèmes

Bien entendu, il s'agit d'une chronologie incomplète, on ne connaît pas la date de composition des poèmes mais seulement celle de leur publication. Il me paraît utile de distinguer entre les poèmes retenus pour la composition des recueils et ceux qui ne le furent pas.

1. *Poèmes des « Songes en équilibre » parus d'abord en revues*

« Sous la pluie », *Canada français,* t. XXVI, mars 1939, p. 774-775.

« Danse », *Canada français,* t. XXVII, octobre 1938, p. 117-120.

« Le miroir », *la Revue populaire,* février 1940.

« Marine », « Les deux mains », « Jour de juin », la *Relève,* mars 1941, p. 175-179.

« Musique », « Espace », « Ève », *Amérique française,* vol. I, nº 3, février 1942, p. 6-12.

« Jeudi-Saint », *Paysanna,* avril 1942.

2. *Poèmes du « Tombeau des rois » parus d'abord en revues*

« Éveil au seuil d'une fontaine », *Amérique française,* vol. II, octobre 1942, p. 35.

« Les petites villes », *Gants du ciel,* nº 4, juin 1944, p. 7-8.

« La voix de l'oiseau », *Revue dominicaine,* vol. IV, janvier 1949, p. 3.

« La fille maigre », *Cité libre,* vol. I, nº 3, mai 1951, p. 26.

« Vie de château », « Les pêcheurs d'eau », *la Nouvelle Revue canadienne,* vol. I, nº 5, novembre-décembre 1951, p. 11-12.

« Le tombeau des rois », *Cité libre,* vol. I, nº 4, décembre 1951, p. 27-28.

« Vie de château », *Cité libre,* vol. II, nº 1-2, juin-juillet 1952, p. 45.

« Le tombeau des rois », « L'envers du monde », *Esprit,* t. XX, nº 10, octobre 1952, p. 443-446.

3. *Poèmes antérieurs au « Tombeau des rois » mais non inclus dans le recueil*

« L'esclave noire », *Amérique française,* vol. II, mars 1943, p. 41-42.

« Paradis perdu », *Amérique française,* vol. III, février 1944, p. 31-32.

« Prélude à la nuit », *la Nouvelle Relève,* vol. III, mai 1944, p. 209.

« L'infante ne danse plus », « Aube », « Sous-bois d'hiver », « Chat », « Présence », « Je voudrais un havre de grâce », « Le château noir », « Ballade d'un enfant qui va mourir », *Gants du ciel,* nº 4, juin 1944, p. 5-20.

« Plénitude », *Amérique française,* vol. IV, octobre 1944, p. 33.

« Résurrection de Lazare », *Revue dominicaine,* vol. LI, mai 1945, p. 257-258.

« Offrande », *Revue dominicaine,* vol. LII, juin 1946, p. 321.

« Ô Beauté », *Revue dominicaine,* vol. LIII, janvier 1947, p. 3.

4. *Poèmes de « Mystère de la parole » parus d'abord en revues*

« Naissance du pain », *Esprit,* t. XXII, nº 11, novembre 1954, p. 570-571.

« Alchimie du jour », *Esprit,* nº 253, juillet 1957, p. 75-77.

« Survienne la rose des vents », « Je suis la terre et l'eau », « Neige », « Saison aveugle », *Mercure de France,* vol. 333, mai 1958, p. 18-21.

5. *Poèmes postérieurs à « Mystère de la parole»*

« Et le jour fut », *in* E. Mandel et J.-G. Pilon, édit., *Poetry 1962,* Toronto, Ryerson Press, 1961, p. 8-9.

« Noël », « Pluie », « Amour », « Fin du monde », *in* Guy Robert, édit., *Littérature du Québec,* t. I, Montréal, Déom, 1964, p. 56-63 ; repris *in* Pierre Pagé, *Anne Hébert,* Montréal, Fides, « Écrivains canadiens d'aujourd'hui », 1965, p. 163-170.

« Terre originelle », *la Presse,* 13 février 1967, Cahier *Un siècle,* p. 1.

« Et le jour fut », *les Lettres nouvelles, Écrivains du Canada,* décembre 1966-janvier 1967, p. 150-151.

« Et le jour fut », « Noël », « Pluie », « Amour », « Fin du monde », « Terre originelle », « Couronne de félicité », « Villes en marche », « Les offensés », *in* René Lacôte, *Anne Hébert,* Paris, Seghers, « Poètes d'aujourd'hui », 1961, p. 151 et suiv.

« En cas de malheur », « Éclair », « La cigale », *Châtelaine,* décembre 1972, p. 22.

C. Études

Les études sur la poésie d'Anne Hébert sont peu nombreuses, et encore moins nombreuses celles qui proposent une lecture suivie du texte. Le *Dialogue sur la traduction* entre Anne Hébert et Frank Scott rassemble une série de remarques très révélatrices sur le *Tombeau des rois.* On pourra lire aussi en ce domaine :

ADAM, Jean Michel, « Sur cinq vers de *Mystère de la parole,* Lire aujourd'hui *Neige* d'Anne Hébert », *Études littéraires,* vol. V, nº 3, décembre 1972, p. 463-480.

BELLEFEUILLE, Normand de, « Tel qu'en lui-même », *la Barre du jour,* nº 39-41, printemps-été 1973, p. 105-123.

HAECK, Philippe, « Naissance de la poésie moderne au Québec », *Études françaises,* vol. IX, nº 2, mai 1973, p. 95-113.

LEMIEUX, Pierre, *Entre songe et parole, Pour une lecture* du *Tombeau des rois d'Anne Hébert* (thèse de doctorat), Université d'Ottawa, 1974, 394 p. (polycopié).

Sur la poésie d'Anne Hébert, on peut aussi lire :

AYLWIN, Ulric, « Vers une lecture de l'œuvre d'Anne Hébert », *la Barre du jour,* n° 7, été 1966, p. 2-11.

BÉGUIN, Albert, « *Anne Hébert et la solitude* », *le Devoir,* 3 octobre 1953, p. 6.

BESSETTE, Gérard, « La dislocation dans la poésie d'Anne Hébert », *in Une littérature en ébullition,* Montréal, Éd. du Jour, 1968, p. 11-23.

BESSETTE, G., L. GESLIN et C. PARENT, « Anne Hébert », *in Histoire de la littérature canadienne-française,* Montréal, C.E.C., 1968, p. 259-270.

CHAMBERLAND, Paul, « Fondation du territoire », *Parti pris,* vol. IV, n° 9-12, mai 1967, p. 11-42.

ÉTHIER-BLAIS, Jean, « Anne Hébert et Paul Toupin », *in Signets II,* Montréal, Cercle du livre de France, 1967, p. 195-202.

GARNEAU, René, « Anne Hébert », *in* Pierre De Grandpré, édit., *Histoire de la littérature française du Québec,* t. III, Montréal, Beauchemin, p. 47-55.

LACÔTE, René, *Anne Hébert,* Paris, Seghers, « Poètes d'aujourd'hui », 1969, 189 p.

LAPOINTE, Jeanne, « *Mystère de la parole* par Anne Hébert », *Cité libre,* XIIe année, n° 36, avril 1971, p. 21-22.

LE GRAND, Albert, « Anne Hébert : de l'exil au royaume », *in Littérature canadienne-française* (Conférences J.-A. de Sève), Montréal, Presses de l'Université de Montréal, 1969, p. 181-213.

MARCOTTE, Gilles, « *le Tombeau des rois* d'Anne Hébert », *in Une littérature qui se fait,* Montréal, H.M.H., 1962, p. 272-283.

MARCOTTE, Gilles, « Solitude de la poésie », *in le Temps des poètes,* H.M.H., 1970, p. 35-63.

PAGÉ, Pierre, *Anne Hébert,* Montréal, Fides, «Écrivains canadiens d'aujourd'hui », 1965, 189 p.

PAGÉ, Pierre, « La poésie d'Anne Hébert », *la Poésie canadienne-française,* Montréal, Fides, « Archives des lettres canadiennes », 1969, p. 357-378.

PURCELL, Patricia, « The Agonizing Solitude : The Poetry of Anne Hébert », *Canadian Literature,* nº 10, automne 1961, p. 51-61.

ROBERT, Guy, *la Poétique du songe,* A.G.E.U.M., Cahier nº 4, 1963, 122 p.

ROBIDOUX, Réjean et André RENAUD, « *les Chambres de bois* », in *le Roman canadien-français du XXe siècle,* Ottawa, Éd. de l'Université d'Ottawa, 1966, p. 171-185.

WYCZYNSKI, Paul, « l'Univers poétique d'Anne Hébert », *in Poésie et symbole,* Montréal, Déom, 1965, p. 142-185.

table des matières

LES PRESSES DE L'UNIVERSITÉ DE MONTRÉAL
C.P. 6128, Succursale « A », Montréal, Qué., Canada, H3C 3J7

EXTRAIT DU CATALOGUE

Essai

Commynes méMORiALISTE. Jeanne DEMERS.
Flaubert ou l'architecture du vide. Jean-Pierre DUQUETTE
Henri Bosco : une poétique du mystère. Jean-Cléo GODIN
Henri de Régnier : le labyrinthe et le double. Mario MAURIN.
Hugo : amour/crime/révolution. André BROCHU
Jean Racine : un itinéraire poétique. Marcel GUTWIRTH
Paul Claudel : une musique du silence. Michel PLOURDE
« Parti pris » littéraire. Lise GAUVIN
Saint-Denys Garneau. Œuvres. Jacques BRAULT et Benoît LACROIX
Le Missionnaire, l'apostat, le sorcier. Guy LAFLÈCHE
Boileau : visages anciens, visages nouveaux. Bernard BEUGNOT et Roger ZUBER
Balzac et le jeu des mots. François BILODEAU
Cyrano de Bergerac et l'art de la pointe. Jeanne GOLDIN
Mallarmé, grammaire générative des Contes indiens. Guy LAFLÈCHE
Samuel Beckett et l'univers de la fiction. Fernande SAINT-MARTIN
Jacques Ferron au pays des amélanchiers. Jean-Pierre BOUCHER
Germaine Guèvremont : une route, une maison. Jean-Pierre DUQUETTE
Léo-Paul Desrosiers ou le récit ambigu. Michelle GÉLINAS
Hubert Aquin, agent double. Patricia SMART
Saint-Denys Garneau à travers regards et jeux dans l'espace. Robert VIGNEAULT
Marie-Claire Blais : le noir et le tendre. Vincent NADEAU
Avez-vous relu Ducharme ? Revue *Études françaises,* Vol. XI, n°s 3-4

Collection « Prix de la revue Études françaises »

Corps de gloire. Poèmes. Juan GARCIA
L'Homme rapaillé. Poèmes. Gaston MIRON
Variables. Poèmes. Michel BEAULIEU
Journal dénoué. Fernand OUELLETTE

Collection « Lectures »

L'En dessous l'admirable. Jacques BRAULT

Achevé d'imprimer à Montréal le 18 février 1976 par Thérien Frères (1960) Limitée